Espiritismo
sem Mistérios

Eliseu Rigonatti

Espiritismo sem Mistérios

Lições de Catecismo Espírita e Aulas de Moral Cristã para Iniciantes

Editora Pensamento
SÃO PAULO

Originalmente publicado com os títulos: *52 Lições de Catecismo Espírita* e *Os Meus Deveres*

1ª edição 2017.

Texto de acordo com as novas regras ortográficas da língua portuguesa.

Editor: Adilson Silva Ramachandra
Editora de texto: Denise de Carvalho Rocha
Gerente editorial: Roseli de S. Ferraz
Produção editorial: Indiara Faria Kayo
Editoração eletrônica: Mauricio Pareja da Silva
Revisão: Vivian Miwa Matsushita

Dados Internacionais de Catalogação na Publicação (CIP)
(Câmara Brasileira do Livro, SP, Brasil)

Rigonatti, Eliseu

Espiritismo sem mistérios : lições de catecismo espírita e aulas de moral cristã para iniciantes / Eliseu Rigonatti. – São Paulo : Pensamento, 2017.

ISBN: 978-85-315-1986-4

1. Espiritismo I. Título.

17-08112 CDD-133.9

Índices para catálogo sistemático:

1. Espiritismo 133.9

Direitos reservados à
EDITORA PENSAMENTO-CULTRIX LTDA.
Rua Dr. Mário Vicente, 368 – 04270-000 – São Paulo, SP
Fone: (11) 2066-9000 – Fax: (11) 2066-9008
http://www.editorapensamento.com.br
E-mail: atendimento@editorapensamento.com.br
Foi feito o depósito legal.

Sumário

Apresentação

Pede-me o editor para fazer algumas considerações sobre meu pai Eliseu Rigonatti e suas obras.

Essa solicitação prende-se à escolha de três títulos que, há alguns anos, estavam fora do mercado e, naturalmente, à amizade que tem sua origem na que unia nossos pais.

Vem-me à memória a antiga sede da Editora Pensamento, com suas escadarias de mármore e seus afrescos, aonde, quando criança, eu acompanhava meu pai.

Lembro-me de que, em casa, sua escrivaninha ficava no quarto em que eu e meu irmão dormíamos. Quando acordávamos, ele já lá estava desde alta madrugada escrevendo suas obras, que depois foram editadas pela Pensamento.

O laboratório de onde saíram todos os seus livros chamava-se Centro Espírita Mensageiros da Paz. Um a um, inspirados pelo altruísmo e realizados com muito amor, dedicação e estudos, surgiram: *52 Lições de Catecismo Espírita, O Evangelho dos Humildes, Os Meus Deveres, A Mediunidade sem Lágrimas, O Espiritismo Aplicado* e outros.

São livros simples, escritos por uma alma simples, para almas simples, sem quaisquer rebuscamentos de linguagem.

Um dos seus momentos de intensa alegria relacionado com seus livros foi quando lhe contei que, estando eu trabalhando num movimentado pronto-socorro da capital paulista, aproximou-se de mim um dos médicos responsáveis pelo plantão e perguntou-me:

– Você é filho do Eliseu Rigonatti?

– Sou, respondi.

E ele:

– Diga a seu pai que eu aprendi a ler com as 52 *Lições de Catecismo Espírita*, que eu ainda hoje releio quando tenho dúvidas sobre como agir.

O livro *Os Meus Deveres* aborda todos os temas básicos para o desenvolvimento da personalidade. Os princípios éticos são semeados na alma dos jovens em suas vertentes religiosas, cívicas e familiares.

Agora, juntas pela primeira vez em único volume, essas duas obras fundamentais escritas pelo meu pai estão ganhando esta belíssima nova edição com o título *Espiritismo sem Mistérios – Lições de Catecismo e Aulas de Moral Cristã para Iniciantes*, que servirá a jovens e iniciantes em geral no estudo da Doutrina Espírita.

A obra literária de Eliseu Rigonatti traça com clareza a trajetória de um espírito coerente consigo próprio, fiel às suas convicções e que conseguiu sintetizar em seus livros, de modo simples, os sublimes conceitos da visão espírita do Cristianismo.

Dr. Sergio Rigonatti

Espiritismo sem Mistérios

1ª Lição

Deus

Iniciaremos o estudo da Verdade aprendendo a conhecer Deus. Todos nós já temos ouvido falar em Deus e mais de uma vez perguntamos quem é Ele.

Deus é o criador do Universo e Pai de todos nós.

Deus nos criou para povoar o Universo; por isso somos filhos de Deus e como todos nós somos filhos do mesmo Pai, nós todos somos irmãos.

O nosso pequeno progresso moral não nos permite saber qual é a natureza íntima de Deus. Entretanto, sabemos que Ele é um espírito puríssimo cujos fluidos enchem completamente o Universo. Nós estamos mergulhados no fluido divino; por isso é que nós estamos em Deus e Deus está em nós.

Por meio de seus fluidos, Deus irradia sua presença por toda a parte.

Deus não se mostra, mas se revela pelas suas obras. Quando formos espíritos puros, nós o veremos e o compreenderemos.

Podemos adorá-lo em qualquer lugar: nas cidades ou nos desertos; nos mares ou nas florestas; nos palácios ou nas cabanas.

Sendo Deus um espírito, é pelo pensamento que devemos adorá-lo.

Também pelas boas obras podemos adorar a Deus; porque as boas obras que praticamos são um ato de adoração a Deus.

Deus governa o universo por meio de suas sábias e imutáveis leis. Conhece até os nossos atos e pensamentos mais ocultos e provê nossas necessidades.

Deus é eterno: não teve princípio e não terá fim.

Deus é único: há um só Deus.

Deus é bom: ama todas as suas criaturas com o mesmo amor.

Deus é justo: todos somos iguais diante de Deus. Ele dá a cada um de nós exatamente o que merecemos. A cada um segundo suas obras.

Perguntas

1 – Quem é Deus?
2 – Por que Deus nos criou?
3 – Por que é que nós todos somos irmãos?
4 – Por que ainda não conhecemos a natureza íntima de Deus?
5 – Como se explica que Deus está em nós e nós estamos nele?
6 – Como é que Deus pode estar em toda a parte?
7 – Quando é que nós veremos e compreenderemos Deus?
8 – Por quais maneiras devemos adorar Deus?
9 – Onde podemos adorar Deus?
10 – O que são as boas obras?
11 – Por que Deus é eterno?
12 – O que nos demonstra a sabedoria de Deus?
13 – Por que Deus é bom?
14 – Por que Deus é justo?

2ª Lição

Amor a Deus

O nosso primeiro dever é amar a Deus sobre todas as coisas e ao próximo como a nós mesmos.

Deus nos deu a vida e tudo o que precisamos para mantê-la; concede-nos os meios necessários para a purificação e para o aperfeiçoamento de nosso espírito.

Pai bondoso está sempre pronto a receber os filhos que se afastam dele.

Perdoa-nos todos os erros e nos faculta infinitas oportunidades de regeneração. Trabalha sem descanso pela nossa felicidade e recompensa todas nossas boas ações.

A mais bela maneira de se amar a Deus é amando ao nosso próximo.

A humanidade inteira é nosso próximo e a todos devemos amar como irmãos, filhos do mesmo Pai.

É amando a nossos irmãos que nós demonstramos o nosso amor a Deus.

Quem ama seu próximo está sempre pronto a perdoar e a esquecer as ofensas que recebe.

Trata a todos com delicadeza e não faz distinção entre o pobre e o rico, entre as diferentes raças, entre o forte e o fraco.

É bondoso, obediente e serviçal; gosta de prestar um favor sem se importar com a recompensa.

Não se prevalece de uma posição superior para humilhar os que lhe estão abaixo.

Não discute e não diz palavras grosseiras; não fala nem pensa mal de ninguém.

Tem palavras de carinho e conforto para dirigi-las aos que sofrem e aos que estão desanimados; socorre todos os necessitados na medida de suas forças.

Sabe que só Deus é superior a tudo e por isso não se julga superior a seus irmãos.

Respeita o modo de pensar dos outros e não lhes critica as ideias.

Evita tudo o que lhe possa prejudicar o corpo ou o espírito ou causar prejuízos aos outros.

Esforçando-nos por praticar todos esses preceitos, estaremos amando Deus na pessoa de nosso próximo e em nós mesmos; porque Deus está em cada uma de suas criaturas.

Perguntas

1 – Qual é o nosso primeiro dever?
2 – Por que devemos amar a Deus?
3 – Qual é a mais bela maneira de se amar a Deus?
4 – Quem é o nosso próximo?
5 – Como é que demonstramos nosso amor a Deus?
6 – Como é que amamos nossos irmãos?
7 – Como é que devemos prestar um favor?
8 – Por que é que não devemos fazer distinção de pessoas?
9 – Como devemos tratar a todos?
10 – Por que não nos devemos julgar superiores aos outros?
11 – O que devemos evitar?

3ª Lição

A Prece

Orar é o ato de dirigirmos nosso pensamento a Deus para adorá-lo, agradecer-lhe o bem que nos faz ou pedir-lhe o que necessitamos.

Quando orarmos é bom escolher um lugar sossegado e, pensando firmemente em Deus, pronunciar a nossa prece. Entretanto, podemos orar em qualquer parte, porque Deus estando em todos os lugares sempre ouve a nossa prece.

A oração deve ser feita com palavras simples e sinceras; Deus somente atende aos que oram com sinceridade e confiança.

Antes da oração precisamos purificar os nossos pensamentos; se tivermos prejudicado ou ofendido um nosso próximo, devemos ir pedir-lhe que nos perdoe; se alguém nos ofender ou prejudicar, nós devemos perdoá-lo de todo o coração e esquecermos completamente o mal que nos fez; depois, com a consciência em paz, podemos orar.

Em nossas orações devemos pedir a Deus que nos auxilie na vida, desvie-nos do mal, torne-nos humildes e bondosos e nos conceda coisas úteis ao nosso progresso espiritual.

A prece sempre nos beneficia; fortifica nosso espírito; dá-nos resignação e paciência; conforta-nos nas horas de sofrimento; livra-nos do desânimo.

Temos também o sagrado dever de orar a Deus pedindo-lhe pelos nossos irmãos que sofrem; pelos doentes; pelos ignorantes e maus; pelos nossos inimigos; pelos nossos entes queridos que já deixaram esta vida.

É bom adquirirmos o hábito de orar todos os dias às mesmas horas; ao acordar de manhã, nosso primeiro cuidado deve ser orar agradecendo ao Pai a noite que nos deu e pedindo-lhe que nos livre do mal durante o dia; ao meio-dia devemos pedir a Deus que, em sua misericórdia, alivie o sofrimento dos que estão nos hospitais, nas cadeias, nos leprosários, nos manicômios, nos asilos. Antes de dormir oremos a Jesus pedindo-lhe que nos dê a sabedoria e nos ensine a ser compassivos como ele o foi.

Lembremo-nos de que Deus atende aos nossos pedidos se estes forem justos e servirem para o nosso progresso ou para aliviar a dor dos que sofrem.

E para que alcancemos uma graça de Deus é preciso que nós nos esforcemos por merecê-la; sem merecimento nada se alcança.

Peçamos sempre para os outros. O que pedirmos a Deus para nossos irmãos, isso mesmo Deus dará a nós também.

Perguntas

1 – O que é orar?
2 – Em que lugar devemos orar?
3 – Como deve ser feita uma prece?
4 – O que precisamos fazer antes da oração?
5 – O que devemos pedir a Deus em nossas orações?
6 – Quais são os benefícios que a prece nos proporciona?
7 – Por que devemos orar?
8 – O que devemos fazer ao acordar?
9 – Por quem devemos pedir em nossas orações do meio-dia?
10 – Qual é a prece que devemos dirigir a Jesus?
11 – Quais são os pedidos que Deus atende?
12 – O que precisamos fazer para que alcancemos uma graça de Deus?

4ª Lição

Pai-Nosso

As preces que nos beneficiam são aquelas que saem do fundo de nosso coração.

Não há fórmulas para as preces; cada um deve dirigir-se ao Pai fazendo o seu pedido com palavras simples e sinceras.

Entretanto, Jesus nos ensinou a orar assim:

"*Pai nosso que estás nos céus, santificado seja o teu nome; venha a nós o teu reino; seja feita tua vontade, assim na terra como nos céus; o pão nosso de cada dia dá-nos hoje; perdoa as nossas ofensas, assim como nós perdoamos os nossos ofensores; não nos deixes cair em tentação e livra-nos do mal. Assim seja.*"

Essa prece indica os nossos deveres para com Deus, para conosco e para com nosso próximo. Vamos estudá-la:

"*Pai nosso que estás nos céus, santificado seja o teu nome.*"

É nosso ato de adorar o Pai cuja presença enche o Universo inteiro e cujo nome é santo e merecedor de todo o nosso respeito. Por isso não devemos pronunciar tão sagrado nome a todos os momentos e por qualquer motivo.

"*Venha a nós o teu reino.*"

É um pedido que fazemos ao Senhor para que a Terra se transforme em um mundo de paz e de felicidades.

"*Seja feita tua vontade assim na terra como nos céus.*"

Deus sabe o que mais convém a cada um de seus filhos. Curvemo-nos, pois, à sua vontade como filhos obedientes que devemos ser.

"*O pão nosso de cada dia dá-nos hoje.*"

Deus é quem nos pode dar o que necessitamos.

A Ele pedimos o nosso alimento. Pedimos o pão material que alimenta o nosso corpo e o ganhamos pelo nosso trabalho honesto; e pedimos o pão espiritual que alimenta o nosso espírito e o ganhamos com a nossa obediência às leis divinas.

"*Perdoa as nossas ofensas, assim como nós perdoamos os nossos ofensores.*"

Se nós não perdoarmos os que nos ofenderem não poderemos merecer o perdão de Deus. Logo, para merecermos o perdão de Deus é preciso que perdoemos o mal que os outros nos fizerem.

"*Não nos deixes cair em tentação e livra-nos do mal.*"

Por essas palavras nós pedimos a Deus que fortifique o nosso ânimo para que possamos resistir aos maus conselhos e não permita que pratiquemos o mal.

"*Assim seja.*"

Queremos dizer que tudo seja feito segundo o nosso merecimento aos olhos de Deus.

Perguntas

1 – Quais são as preces que nos beneficiam?

2 – Como Jesus nos ensinou a orar?

3 – Por que devemos pronunciar o nome de Deus com muito respeito?

4 – Qual é o reino que pedimos a Deus?

5 – Por que a vontade do Pai deve ser feita em todo o Universo?

6 – Qual é o pão que pedimos ao Pai?

7 – Por que devemos perdoar os que nos ofenderem?

8 – De quais tentações pedimos ao Pai que nos livre?

5ª Lição

Façamos aos Outros o que Queremos que os Outros nos Façam

O mandamento "*Façamos aos outros o que queremos que os outros nos façam*" resume todos os nossos deveres para com nosso próximo e baseia-se na mais rigorosa justiça.

Nós queremos que os outros nos façam o bem; por isso é nossa obrigação fazer-lhes o bem.

Gostamos de ser ajudados; sejamos os primeiros a ajudar.

Quando nós erramos, procuramos ser desculpados de nosso erro; do mesmo modo que precisamos desculpar os erros que os outros cometem.

Queremos ser tratados com delicadeza; tratemos também os outros com delicadeza.

Não queremos que os outros nos ofendam; por isso não devemos ofender os outros.

Na escola estimemos os nossos colegas e façamos por eles tudo o que desejaríamos que eles nos fizessem.

Quando tivermos que trabalhar nas fábricas ou nas oficinas; nas lojas ou nos escritórios; nos campos ou nas cidades, nunca recusemos um auxílio, um favor, uma ajuda a nossos companheiros de trabalho; porque muitas vezes precisaremos deles.

Não desejemos para os outros o que não queremos para nós.

Antes de praticarmos alguma ação contra alguém, façamos a nós mesmos a seguinte pergunta: "*Gostaria eu que alguém me fizesse o que vou fazer a este meu próximo?*"

Então nossa consciência nos responderá se estamos agindo bem ou se estamos agindo mal.

Perguntas

1 – Qual é o mandamento que resume todos os nossos deveres para com nosso próximo?

2 – Em que se baseia o mandamento "Façamos aos outros o que queremos que os outros nos façam"?

3 – Por que temos a obrigação de fazer bem aos outros?

4 – Por que devemos ser os primeiros a ajudar?

5 – Para que nos tratem com delicadeza, o que devemos fazer?

6 – Por que não devemos ofender os outros?

7 – Por que devemos desculpar os erros dos outros?

8 – Como devemos proceder para com nossos colegas e companheiros de trabalho?

9 – Qual é a pergunta que devemos fazer a nós mesmos antes de agirmos contra alguém?

6ª Lição

Jesus

Sempre ouvimos falar em Jesus. Vamos hoje saber quem foi ele e o que fez em nosso benefício.

Jesus nasceu em Belém, uma cidade da Palestina, e seu nascimento é comemorado todos os anos na noite de Natal.

Filho de pais pobres, passou a sua mocidade ajudando-os no sustento do lar, trabalhando de carpinteiro com seu pai que tinha uma pequena oficina.

Desde cedo demonstrou possuir uma brilhante inteligência e ainda menino discutia com os mais velhos a lei religiosa de seu tempo.

Quando completou trinta anos, idade em que podia falar livremente, começou a ensinar aos povos a sua doutrina.

Ensinou que nosso principal objetivo deve ser trabalhar para a conquista do reino de Deus e que a humildade e a caridade são as virtudes que nos conduzirão a esse reino.

Combateu os preconceitos, as rivalidades de raça, os hipócritas, os vaidosos, os orgulhosos, os avarentos, os malvados e os egoístas.

Amou os bons, animou os fracos, amparou os pobres, consolou os aflitos e ensinou os pecadores a se regenerarem.

Afirmou que se não perdoarmos, não poderemos ser perdoados.

Disse-nos que só seremos completamente felizes quando soubermos perdoar e amar o nosso próximo.

Resumiu sua doutrina nos mandamentos: "*Amai-vos uns aos outros como eu vos amei e não façais aos outros o que não quereis que os outros vos façam*".

Como todos os grandes e generosos espíritos que vieram a este mundo para esclarecer a humanidade, Jesus também teve os seus inimigos.

Foi cruelmente perseguido e condenado à morte. Antes de desencarnar, o último exemplo que nos deu foi pedir ao Pai misericordioso que perdoasse os seus perseguidores como ele os perdoava.

Os ensinamentos de Jesus estão contidos nos *Evangelhos* escritos por seus discípulos.

Jesus foi o espírito mais puro e luminoso que se encarnou na Terra. Tornou-se perfeito primeiro do que nós e por isso devemos considerá-lo como nosso irmão mais velho. Deus lhe confiou a direção da Terra e a de todos os espíritos que aqui se encarnam.

O espírito esclarecido de Jesus guia a humanidade no caminho do progresso e da perfeição; por isso é só a Jesus que devemos chamar de Mestre.

Perguntas

1 – Como Jesus passou sua mocidade?
2 – Com que idade Jesus começou a ensinar?
3 – O que Jesus ensinou?
4 – Quais são as virtudes que nos levarão ao reino de Deus?
5 – O que Jesus combateu?
6 – Quem Jesus amou, animou, amparou e consolou?
7 – O que Jesus afirmou sobre o perdão?
8 – Quando é que Jesus disse que seremos felizes?
9 – Quais são os mandamentos que resumem a doutrina de Jesus?
10 – Qual foi o exemplo que Jesus nos deu no momento de desencarnar?
11 – Onde estão contidos os mandamentos de Jesus?
12 – Por que devemos considerar Jesus como nosso irmão mais velho?
13 – Por que é que só a Jesus devemos dar o título de nosso Mestre?

7ª Lição

Os Evangelhos

A doutrina de Jesus está contida nos *Evangelhos* ou *Novo Testamento*, como também são chamados.

Além de suas lições, os *Evangelhos* nos contam a vida de Jesus durante os três anos que dedicou ao esclarecimento da humanidade.

Jesus nada deixou escrito.

Todas as tardes, depois do trabalho diário, o povo se reunia ao redor de Jesus e ouvia suas palavras cheias de fé e de esperança e aprendia com ele como devia viver de acordo com as leis de Deus.

Jesus aproveitava todas as ocasiões oportunas para ensinar. Assim, quando ele viajava para Jerusalém, capital de seu país, ele se detinha em todas as aldeias que encontrava no caminho e ensinava aos seus habitantes a sua doutrina.

Jesus escolheu doze discípulos para ajudá-lo a espalhar a palavra de Deus. De vez em quando os enviava às cidades vizinhas para instruírem os seus moradores.

Aos poucos, seus ensinamentos começaram a ser conhecidos por toda a parte.

Quando Jesus partiu para o mundo espiritual onde habita, seus discípulos resolveram escrever as lições do Mestre.

Escreveram-se muitos *Evangelhos*, mas os que chegaram até nós são apenas quatro, que se atribuem a Mateus, a Marcos, a Lucas e a João.

A parte principal dos *Evangelhos* é o Sermão da Montanha, que se acha no *Evangelho de Mateus*. Conta-se que esse sermão foi pronunciado por Jesus de cima de uma colina, rodeado de grande massa de povo.

O Sermão da Montanha é o fundamento da Moral Cristã e devemos considerá-lo o regulamento que precisamos observar se quisermos caminhar para Deus.

Os *Evangelhos* têm passagens suaves e consoladoras que revigoram nosso espírito.

A leitura constante dos *Evangelhos* é um hábito saudável que devemos adquirir.

Perguntas

1 – Onde está contida a doutrina de Jesus?
2 – Como Jesus ensinava sua doutrina?
3 – Por que Jesus escolheu doze discípulos?
4 – Quando é que os discípulos resolveram escrever as lições do Mestre?
5 – Quais os Evangelhos que chegaram até nós?
6 – Qual é a parte principal dos Evangelhos?
7 – O que é o Sermão da Montanha?
8 – Como devemos considerar o Sermão da Montanha?
9 – Qual é o hábito saudável que devemos adquirir?

8ª Lição

A Caridade

A caridade consiste em fazer o bem e evitar o mal.

Estudando-se a vida espiritual descobriu-se que os espíritos felizes são aqueles que viveram na Terra fazendo o bem, isto é, praticando a caridade.

Se é preciso fazer o bem para a gente ser feliz, devemos adotar a regra: "*fora da caridade não há salvação*".

Esta é a norma que o Espiritismo apresenta para todos os encarnados de boa vontade, que trabalham para o seu progresso.

Submetendo nossa vida à lei da caridade, nós nunca nos desviaremos do caminho do Dever e entraremos no mundo espiritual com a consciência tranquila.

A pessoa caridosa é paciente, é bondosa, é honesta e trabalhadora. Não tem inveja de ninguém; não prejudica a seu próximo; não é arrogante e não tem orgulho nem vaidades.

A pessoa caridosa não é ambiciosa; não é egoísta; não se irrita e não fala mal dos outros. Quando precisa repreender alguém, o faz com energia, sem magoar.

A pessoa caridosa é verdadeira e sincera; ama a justiça e a verdade.

A pessoa caridosa não se vinga e não guarda ódio; combate o mal, os vícios, os preconceitos e a hipocrisia.

Enfim, a pessoa caridosa faz aos outros somente aquilo que desejaria que os outros lhe fizessem.

A prática da caridade transformará a Terra em um paraíso; é por isso que o Espiritismo aponta como o caminho da felicidade a lei: *"fora da caridade não ha salvação"*.

Perguntas

1 – O que é a caridade?
2 – A que lei devemos submeter nossa vida?
3 – O que é ser paciente?
4 – O que é ser bondoso?
5 – O que é ser honesto?
6 – O que é não ter inveja?
7 – O que é não ser arrogante?
8 – O que é não ser ambicioso?
9 – O que é não ser egoísta?
10 – O que faz aos outros uma pessoa caridosa?
11 – Qual é a lei que o Espiritismo nos aponta como o caminho da felicidade?

9ª Lição

O Reino de Deus

Jesus não se cansou de nos dizer que precisamos trabalhar ativamente para alcançar o reino de Deus ou o reino dos céus, como também é chamado.

Onde estará situado esse reino maravilhoso do qual Jesus nos falava continuamente e com tanto entusiasmo?

O reino de Deus está situado em toda a parte; é o universo, é o espaço sem fim, são os milhões de estrelas; é o sol, é a lua, é a Terra.

Neste reino imenso uns são felizes e outros são infelizes. São felizes aqueles que possuem uma consciência pura.

Os que possuem uma consciência pura são os obedientes, os bondosos, os trabalhadores, os estudiosos e todos os que vivem em paz com seus irmãos, sem prejudicá-los.

São infelizes os que são acusados por sua consciência dos erros que praticaram.

Os vadios, os malvados, os ignorantes, os preguiçosos e os inúteis são infelizes.

Nossa consciência é o nosso juiz. Ela julga todos os nossos atos e coloca-nos automaticamente nos planos felizes ou infelizes do reino de Deus.

Entretanto, Deus não quer que seus filhos culpados sejam infelizes para sempre; perdoa-lhes e lhes fornece os meios de se tornarem felizes pelo bem que começarem a fazer.

Não há ninguém excluído do reino de Deus. Cada espírito o sente de acordo com o grau de adiantamento e de purificação a que chegou.

O mundo espiritual tem esplendores por toda a parte, harmonias e sensações que nós, que ainda estamos presos à matéria, não podemos ver e que somente são acessíveis aos espíritos purificados.

No reino de Deus todos os espíritos trabalham; desde o mais pequenino até o mais luminoso, todos têm o seu dever a cumprir. A cada um segundo sua capacidade.

Os mais puros fazem parte do conselho supremo de Deus e conhecem todos os seus pensamentos. Uns são encarregados da direção de um mundo: a Terra, por exemplo, é dirigida por Jesus. Outros zelam pelo progresso das nações, outros protegem as famílias e outros, os indivíduos.

Por toda a parte há progresso, há vida, há trabalho, há felicidade.

Unicamente de nós depende sermos dignos de contemplar o majestoso reino de Deus.

Perguntas

1 – O que Jesus não se cansou de nos dizer?
2 – Onde está situado o reino de Deus?
3 – Quem é feliz no reino de Deus?
4 – Quem é infeliz no reino de Deus?
5 – Quais são os que têm uma consciência pura?
6 – Quem é o nosso juiz?
7 – Como é que cada espírito sente o reino de Deus?
8 – A que trabalho se entregam os espíritos no reino de Deus?

10ª Lição

Como se Faz um Benefício

À medida que formos ingressando na vida ativa e trabalhosa que nos aguarda, muitas vezes precisaremos dos outros e os outros precisarão de nós.

Há uma porção de irmãos nossos que necessitam de auxílio. Deus os colocou ao nosso lado para que os amparássemos e fôssemos aprendendo a exercer a caridade.

Os benefícios que podemos fazer aos nossos irmãos são: ensiná-los; curá-los; aconselhá-los; dar-lhes esmolas; emprestar-lhes alguma coisa; arranjar-lhes empregos; livrá-los dos vícios; ajudá-los nas dificuldades e muitos outros.

Se tivermos boa vontade e bom coração sempre arranjaremos um meio de auxiliar um irmão.

Quando tivermos ocasião de prestar um benefício, tenhamos o cuidado de não humilhar quem o recebe. Nunca contemos aos outros os favores que fazemos e os auxílios que damos.

Há grande dor no coração do irmão necessitado e não devemos aumentar-lhe o sofrimento, humilhando-o diante de todos.

Não façamos um benefício esperando uma recompensa; os hipócritas é que fazem assim.

Ajudemos a todos desinteressadamente e Deus, que tudo vê, saberá dar a cada um de nós o prêmio de nossa boa ação.

Perguntas

1 – Por que Deus colocou ao nosso lado irmãos que necessitam de nosso auxílio?

2 – Quais são os benefícios que podemos fazer ao nosso próximo?

3 – Para prestarmos um auxílio, o que precisamos ter?

4 – Qual é o cuidado que devemos ter quando prestamos um benefício?

5 – O que nunca devemos contar aos outros?

6 – Por que é que devemos beneficiar um nosso irmão ocultamente?

7 – Quem é que faz um benefício esperando uma recompensa?

8 – Quem nos dará o prêmio de nossas boas ações e de nosso bom comportamento?

11ª Lição

A Imortalidade

Deus, Nosso Pai e Criador do universo, é um espírito eterno. Eterno quer dizer que não teve princípio e não terá fim.

Sendo Deus eterno, Ele só criou coisas eternas; portanto, o universo é eterno como Deus.

As coisas, os seres e os mundos se transformam continuamente; nada se perde no universo.

A matéria se condensa sob a influência de determinadas leis físicas e forma os mundos e as coisas materiais.

Quando as leis físicas deixam de atuar, os mundos e as coisas materiais se dissolvem e a matéria que os compunha volta ao reservatório universal.

O mesmo sucede com o nosso corpo. Sendo nosso corpo formado de matéria, sofre também a ação das leis físicas que regem a matéria. Pela morte nós restituiremos ao reservatório universal a matéria que forma o nosso corpo.

Somente as coisas espirituais não estão sujeitas às leis físicas; por isso o que é espiritual não pode sofrer as transformações provocadas pela morte.

Tudo o que é espiritual é imortal.

Nós somos formados de dois corpos distintos: o corpo material e o corpo espiritual.

O corpo espiritual se chama perispírito.

Pelo corpo material nós participamos da natureza material ou física; pelo corpo espiritual nós participamos da natureza espiritual ou divina.

O corpo material é uma vestimenta de que se serve o espírito para que possa habitar durante um certo tempo na Terra.

O corpo espiritual reveste o espírito e, à medida que o espírito progride, mais puro se torna o seu corpo espiritual.

O nosso espírito é imortal porque é formado da essência espiritual.

Nós somos espíritos imortais.

A morte destruirá o nosso corpo físico, mas nada poderá fazer contra o nosso espírito.

Presentemente estamos na Terra concorrendo com o nosso pequenino esforço na grande obra de Deus. Depois passaremos para o mundo espiritual onde continuaremos nossa vida imortal.

Perguntas

1 – Como se formam os mundos e as coisas materiais?
2 – Por que o nosso corpo sofre a ação das leis físicas?
3 – Por que as coisas espirituais não sofrem as transformações provocadas pela morte?
4 – Quais são os corpos que nos formam?
5 – Como se chama o corpo espiritual?
6 – O que é o corpo material?
7 – Por que o espírito é imortal?
8 – O que é que nós somos?
9 – O que estamos fazendo na Terra?

12ª Lição

A Morte não Existe

A morte é o ato pelo qual nós nos libertamos do corpo material que nos serve de instrumento durante nossa vida na Terra.

Quando nascemos, nós nos encarnamos; quando morremos, nós desencarnamos.

Nós não morremos nunca porque somos espíritos imortais; o que morre é o nosso corpo.

Logo que desencarnamos, o nosso espírito, que é nós mesmos, começa a viver a vida espiritual e o nosso corpo é transformado pela natureza.

Terminado o tempo da nossa encarnação, devemos voltar para o mundo espiritual. O corpo começa a enfraquecer-se e os laços que prendem o espírito ao corpo se desatam. Nosso anjo da guarda e todos os espíritos que nos estimam vêm receber-nos e ajudar-nos a nos libertar do corpo material.

Imediatamente eles nos ensinam a dar os primeiros passos no mundo espiritual. Toda nossa existência se desenrola diante de nós e nossa consciência nos mostra o bem e o mal que fizemos.

Se a nossa vida foi má, ficaremos presos às regiões do espaço próximas à Terra onde o remorso nos fará sofrer até que o Pai nos perdoe.

Se a nossa vida foi boa, partiremos com nossos amigos para as regiões da luz e da felicidade. Enquanto isso, aqui na Terra sepultam o nosso corpo material.

Como estamos vendo, a morte é uma transformação feliz, principalmente se tivermos o cuidado de fazer o bem.

Não há motivos para choros, nem para lutos, nem para desesperos ou tristezas. Todos nós desencarnaremos e depois de desencarnados ficaremos reunidos no mundo espiritual.

E todos juntos iremos receber o prêmio de nossas boas ações das próprias mãos de Jesus.

Perguntas

1 – O que é a morte?
2 – Por que é que não morremos nunca?
3 – Onde iremos viver quando desencarnarmos?
4 – Como é que se processa o fenômeno da morte?
5 – O que é que nossa consciência nos mostrará logo que estivermos no mundo espiritual?
6 – Onde ficaremos se nossa vida foi má?
7 – Para onde iremos se nossa vida foi boa?
8 – Por que não precisamos chorar, nem vestir luto, nem ficar tristes quando um nosso ente querido desencarna?

13ª Lição

A Reencarnação

A finalidade de nossa existência é conseguirmos a perfeição.

Um espírito para ser perfeito precisa possuir todas as virtudes e saber aplicá-las; precisa também conhecer todas as ciências e todas as artes utilizá-las para o bem.

Uma única encarnação não é suficiente para que alcancemos a sabedoria e a pureza dos espíritos superiores.

Deus nos concede permissão para reencarnarmos muitas vezes até que tenhamos atingido o grau de espíritos puros.

Em cada encarnação nós aprendemos um pouquinho mais e ao mesmo tempo corrigimos os erros de nossas encarnações anteriores.

Reencarnar-se significa nascer de novo.

Quando nascemos, nosso corpo espiritual se une a um corpo material.

Todos nós já nascemos muitas vezes e muitas outras vezes nasceremos até que consigamos ser perfeitos.

As nossas encarnações não se passam todas na Terra.

A Terra é uma das pequeninas escolas do reino de Deus. Quando tivermos aprendido tudo o que aqui se ensina, encarnaremos em mundos mais adiantados.

Durante o tempo em que estamos reencarnados, nós nos esquecemos de nossas vidas passadas; quando morrermos, isto é, desencarnarmos, nós nos lembraremos de todas elas.

A lembrança do passado atrapalharia a nossa vida de hoje; por isso Deus, em sua infinita misericórdia, nos faz esquecer temporariamente o que fomos antigamente.

No momento de reencarnar deixamos de viver no mundo espiritual e começamos a viver no mundo material em que estamos.

Para que possamos aprender tudo, em cada encarnação vivemos de um modo diferente. Em uma encarnação seremos pobres; em outra, ricos; em algumas seremos professores, pedreiros, mecânicos, costureiras etc.

É pelas muitas encarnações que nós nos instruímos, moralizamos e procuramos novos meios de progresso.

Deus aproveita as reencarnações para exercer sua justiça.

Todos os que se entregam aos vícios e praticam o mal terao reencarnações de sofrimentos. As vidas dolorosas são o resultado do mal feito em existências passadas.

Todos os que praticam o bem terão reencarnações felizes.

Perguntas

1 – Qual é a finalidade de nossa vida?
2 – Do que precisamos para ser perfeitos?
3 – Por que é que Deus nos concede permissão para reencarnarmos muitas vezes?
4 – O que quer dizer reencarnar-se?
5 – Por que é que nós não nos reencarnamos sempre na Terra?
6 – Por que é que durante a reencarnação nós nos esquecemos do passado?
7 – Quando é que nós nos lembraremos de nossas vidas anteriores?
8 – Por que é que precisamos ter uma vida diferente em cada encarnação?
9 – Para que Deus aproveita as reencarnações?
10 – O que são as vidas dolorosas?
11 – De que modo poderemos merecer encarnações felizes?

14ª Lição

O Perdão

Sejamos misericordiosos como é misericordioso Nosso Pai que está nos céus, ensinou-nos Jesus.

Ser misericordioso significa saber perdoar as ofensas que recebemos, o mal que nos fizerem, ou o prejuízo que nos causarem.

A mais bela coisa que podemos mostrar a Deus é nosso coração livre de ódios ou de qualquer ressentimento contra nossos irmãos.

Se alguém nos fizer alguma injustiça ou injúria, se não procederem bem para conosco, tenhamos a coragem necessária para perdoar e esquecer.

Afastemos com todas as forças de nosso espírito as ideias de ódio ou de vingança.

O ódio é um dos mais baixos sentimentos que um espírito pode abrigar.

Quem guarda ódio aparta-se da caridade e afasta-se do amor. O ódio leva à vingança, que é um ato mesquinho e indigno.

Infeliz de quem odeia, infeliz de quem se vinga! Séculos de sofrimento, reencarnações dolorosas o esperam até que aprenda a transformar o ódio em amor e a vingança em perdão.

O perdão consiste em não tirarmos, nem por palavras nem por atos, a mais pequena desforra da pessoa que nos ofendeu; não guardar o menor rancor e esquecer completamente a má ação que nos fez. E se um dia o nosso ofensor precisar, devemos ser os primeiros a favorecê-lo.

Quem perdoa pratica a caridade duas vezes: uma vez para consigo mesmo porque fica com a consciência tranquila; e outra vez, para com seu próximo porque não o deixa ter pensamentos de ódio e lhe dá uma prova de amor.

Perdoando nós conquistamos amigos e livramo-nos de inimigos.

Devemos perdoar tantas vezes quantas formos ofendidos.

Pedro perguntou a Jesus quantas vezes deveríamos perdoar; seriam até sete vezes? Jesus respondeu: "Não apenas sete vezes, mas setenta vezes sete vezes".

Perguntas

1 – O que é ser misericordioso?
2 – Qual é a mais bela coisa que podemos mostrar a Deus?
3 – O que devemos afastar com todas as forças de nosso espírito?
4 – O que é ódio?
5 – Por que é infeliz quem odeia e quem se vinga?
6 – Em que consiste o perdão?
7 – Como devemos proceder para com uma pessoa que nos ofender ou prejudicar?
8 – Por que praticamos a caridade duas vezes quando perdoamos?
9 – Por que é que o perdão nos livra de inimigos e nos dá amigos?
10 – Quantas vezes devemos perdoar?

15ª Lição

Nosso Anjo da Guarda

Nós temos um amigo dedicado e sincero que nos acompanha através da vida: é nosso anjo da guarda.

Nosso anjo da guarda é um nosso irmão espiritual mais adiantado do que nós e que recebeu de Jesus a tarefa de nos proteger do mal e guiar-nos no caminho do bem.

Desde o momento em que encarnamos até a hora em que desencarnamos, esse amigo invisível é testemunha de todos os nossos atos.

Ele procura por todos os meios desviar-nos do mal e inspirar-nos pensamentos puros, de trabalho, honestidade, estudo, caridade, humildade e amor.

Nosso anjo da guarda exerce sua ação sobre nós pelo pensamento. Ele nos transmite seus conselhos em forma de ideias ou intuições.

Quantas vezes nós exclamamos: "Tive uma boa ideia, vou fazer assim e tudo dará certo!" É o nosso irmão espiritual que nos mostrou a melhor solução para o caso que nos preocupava.

Para merecermos sua decidida proteção é preciso que saibamos obedecer-lhe. Ele é um espírito superior e por isso não tolera o mal. Quando vê que as boas ideias, os bons pensamentos, as boas intuições não são postas em prática, ele se retira e ficamos entregues aos espíritos inferiores.

Devemos cultivar o hábito de conversar com nosso anjo da guarda; consultá-lo nos momentos de indecisões, quando não sabemos que resolução tomar. Isso é fácil: no silêncio de nosso quarto elevemos a ele o nosso pensamento. Contemos-lhe nossos problemas, as nossas dúvidas, as nossas dificuldades e peçamos-lhe com fé que nos inspire o que devemos fazer. Então ouviremos sua voz bondosa que nos dirá como resolver os problemas, como dissipar as dúvidas, como sair das dificuldades.

Quando passarmos para o mundo espiritual, será ainda o nosso anjo da guarda o companheiro solícito e bom que nos ensinará a dar os primeiros passos nessa pátria infinita. Mostrará o resultado de nosso trabalho na Terra e nos aconselhará sobre o futuro que devemos seguir.

Perguntas

1 – Quem nos acompanha durante nossa encarnação?
2 – Quem é nosso anjo da guarda?
3 – Qual é a tarefa de nosso anjo da guarda?
4 – Quais são os pensamentos que nosso anjo da guarda procura inspirar-nos?
5 – Como é que nosso anjo da guarda exerce sua ação sobre nós?
6 – O que nosso anjo da guarda não tolera?
7 – O que nosso anjo da guarda faz quando não queremos fazer o bem?
8 – Como é que podemos conversar com nosso anjo da guarda?
9 – Quem é que nos receberá no mundo espiritual?
10 – O que nosso anjo da guarda nos mostrará quando desencarnados?

16ª Lição

Os Diversos Mundos

À noite, quando olhamos para o céu, nós vemos milhões de estrelas. Cada uma dessas estrelas é um mundo. Algumas são maiores do que a Terra; outras são menores.

Esses mundos semeados pelo espaço sem fim constituem as diferentes moradas que nós habitaremos à medida que formos progredindo.

Nossas encarnações não se dão sempre no mesmo mundo; quando tivermos atingido a perfeição que um mundo comporta, passaremos para outro mais adiantado e assim por diante.

O universo é uma grandiosa escola onde estudamos a maravilhosa obra de Deus.

Cada mundo é uma classe que nos faz conhecer um aspecto da criação infinita e prepara-nos para a classe seguinte.

De um modo geral, podemos dividir os mundos em cinco classes, de acordo com o grau de adiantamento de seus habitantes:

1ª classe: Mundos primitivos.
2ª classe: Mundos de expiações e de provas.
3ª classe: Mundos de regeneração.
4ª classe: Mundos felizes.
5ª classe: Mundos divinos.

Os mundos primitivos são as primeiras moradas do espírito.

Por enquanto, não sabemos como é que Deus forma os espíritos; sabemos que todos somos criados simples e ignorantes; temos apenas a vida.

É preciso que pelo nosso esforço, trabalho e boa vontade desenvolvamos nossa inteligência e nossos sentimentos. Somos colocados nos mundos primitivos onde começamos a receber as primeiras lições.

Deus quer que nossa perfeição seja o resultado de nossos próprios esforços.

Ele nos dá todos os meios necessários para conseguirmos a pureza espiritual, mas deixa a nosso cargo progredir mais ou menos rapidamente. Deixa-nos assim o mérito de cada um de nós ser o próprio autor de seu destino.

A vida nos mundos primitivos é muito grosseira e quase que puramente animal.

Logo que adquirimos um pouco de inteligência e de sentimentos, passamos a encarnar nos mundos de expiação e de provas.

Perguntas

1 – O que são as estrelas?
2 – O que constituem esses mundos semeados pelo espaço?
3 – Quando é que passaremos para um mundo mais adiantado?
4 – O que é o universo?
5 – Em quantas classes podemos dividir os mundos e quais são?
6 – O que são os mundos primitivos?
7 – Como é que somos quando saímos das mãos de Deus?
8 – A nossa perfeição deve ser o resultado do quê?
9 – Por que é que Deus quer que a nossa perfeição seja o resultado de nossos próprios esforços?
10 – Quando é que deixaremos de encarnar nos mundos primitivos?

17ª Lição

Os Mundos de Expiações e de Provas

Quando os espíritos deixam os mundos primitivos já possuem inteligência e sentimentos; passam a viver nos mundos de provas e de expiações.

Nesses mundos os espíritos executam diversos trabalhos para aprenderem a utilizar sua inteligência e ao mesmo tempo começam sua purificação.

Os espíritos que não usam de sua inteligência para o bem erram e são obrigados a corrigir seus erros.

Os espíritos que precisam corrigir seus erros ou faltas estão em expiação.

Os espíritos que desempenham sua tarefa estão em provas. Deus com isto quer ver se já sabem praticar a lei da caridade.

Por enquanto a Terra é um mundo de provas e de expiações: pertence à segunda classe. É por isso que aqui vemos tanta miséria e tanta dor.

Colocados em um meio rude como o nosso, aprenderemos a dominar nossas paixões, a desenvolver nossos sentimentos de fraternidade e amor, a ser justos, mansos e misericordiosos.

Precisamos ter muita força de vontade para que não falhemos em nossas provas. Cada vez que falhamos, retardamos nosso progresso e prolongamos nossa permanência nos mundos de sofrimentos.

O hábito de manter pensamentos puros e elevados, evitar os vícios e a perversidade; cultivar o estudo e o trabalho honesto; fazer o bem com prazer e alegria; viver com simplicidade e amar os pobres e os humildes; tudo isso fará com que saiamos vencedores das provas a que estamos sujeitos.

A calma, a resignação, a paciência, a coragem e a confiança na bondade de Deus nos ajudarão a sofrer, quase que sem sentidas, as expiações que merecemos.

Perguntas

1 – O que é que os espíritos fazem nos mundos de expiações e de provas?
2 – O que são expiações?
3 – O que são provas?
4 – A que classe de mundos pertence a Terra?
5 – O que aprendemos na Terra?
6 – O que nos acontece cada vez que falhamos em nossas provas?
7 – Como devemos viver para que saiamos vencedores das provas?
8 – Como devemos viver para que suportemos as expiações quase sem senti-las?

18ª Lição

Os Mundos de Regeneração os Felizes e os Divinos

Logo que os espíritos vencem todas as provas e expiam todos os seus erros e já sabem usar de sua inteligência para o bem, conquistam o direito de se encarnarem nos mundos de regeneração.

Nos mundos de regeneração, o bem predomina.

Os espíritos que se encarnam nos mundos de regeneração conhecem as leis de Deus e se esforçam por praticá-las.

O amor une os habitantes dos mundos de regeneração e todos trabalham alegremente para corrigir as últimas imperfeições de seu caráter.

Quando os espíritos cumprem todos os seus deveres nos mundos de regeneração, podem ir viver nos mundos felizes.

Nos mundos felizes a existência é toda espiritual.

Os habitantes dos mundos felizes não precisam mais passar por provas e se entregam ao estudo e ao trabalho para alcançarem o grau de espíritos puros. Rodeados dos seus entes queridos, não sofrem a dor que sofremos nos mundos inferiores. A confiança no futuro brilhante que os aguarda é para eles fonte de alegrias desconhecidas na Terra.

Dos mundos felizes os espíritos passam para os mundos divinos.

Nos mundos divinos os espíritos alcançam a felicidade eterna diante de Deus.

Os habitantes dos mundos divinos já conseguiram a pureza absoluta e por isso veem Deus e o compreendem. Jesus, por exemplo, é um habitante de um mundo divino.

Em todos os mundos, dos primitivos aos divinos, a forma de seus habitantes é sempre a humana. Entretanto, à medida que se vão depurando, mais belos têm os corpos.

Nos mundos primitivos o corpo é grosseiro. Nos mundos superiores os corpos irradiam beleza e saúde.

Na Terra teremos corpos mais belos e mais saudáveis quando soubermos viver uma vida pura, honesta e simples.

Depende unicamente de nós conseguir os meios de habitar os mundos superiores. O caminho que a eles conduz está aberto para todos. A humildade e a caridade são as virtudes que nos levarão a eles.

Perguntas

1 – Quando é que os espíritos passam para os mundos de regeneração?
2 – O que predomina nos mundos de regeneração?
3 – O que os habitantes dos mundos de regeneração conhecem?
4 – Para que mundo vão os espíritos regenerados?
5 – Quem são os habitantes dos mundos divinos?
6 – Como é a existência nos mundos felizes?
7 – Qual é a forma dos habitantes em todos os mundos?
8 – Quando é que na Terra teremos corpos mais belos?
9 – Quais são as virtudes que nos conduzirão aos mundos superiores?

19ª Lição

O Sermão da Montanha

– Afortunados sois, pobres de espírito,
Pois o reino dos céus é vossa herança;
Afortunados sois, brandos e mansos,
Que sem disputas possuís a Terra;
Afortunados sois, vós que, chorando
Atravessais a estrada da existência,
Porque tereis das mágoas lenitivo;
Afortunados vós que tendes fome
E sede de justiça, sereis fartos;
Afortunados sois, oh! compassivos,
Pois achareis também misericórdia;
Afortunados vós que neste mundo
Tendes os corações limpos e puros,
Pois verão o Senhor os vossos olhos;
Afortunados sois, seres pacíficos,
Filhos de Deus vos chamarão os homens;
Afortunados vós que, sem queixumes,
Por amor da justiça e da verdade,
Sofreis perseguições, pois vos pertence
O reino do Senhor; afortunados
Vós que gemeis ao peso das injúrias,
Das calúnias cruéis por meu respeito,
Afortunados sois, pois largo prêmio,
Recebeis além na eterna pátria:

Voltando-se depois a seus discípulos:
– Vós sois o sal da Terra e a luz dos povos.
Como um farol suspenso nas alturas
Aclare vossa luz a humanidade!
Vejam os homens vossas santas obras
E glorifiquem vosso Pai excelso!...
Quem de mim se aproxima e atento escuta
As palavras que brotam dos meus lábios;
Quem, depois de as ouvir, seguro as guarda,
E as põe por obra no lidar da vida,
É igual ao varão prudente e sábio,
Que nas cavas de rígido penedo
Prende da casa os alicerces fortes;
Quando os tufões correrem pelo espaço,
Quando as caudais torrentes se arrojarem
Bravejando no dorso das montanhas,
Não terá que temer! Triste daquele,
Triste daquele que os ouvidos cerra
As profundas verdades que professo!
Qual insensato, em terra levadiça,
Terá posto da casa os fundamentos;
Quando as torrentes rábidas passarem,
Pelas chuvas do inverno intumescidas,
Vorazes lamberão a areia solta,
E o valioso edifício irá com ela!
Depois desses santíssimos conceitos
Cala-se o Salvador: abre caminho
Por entre a multidão que amiga o cerca,
E, seguido dos seus, desce do monte.

Fagundes Varella – O *Evangelho nas Selvas.*

Nota ao professor: Depois de ter explicado esta poesia, fazer uma recapitulação geral, por perguntas, das lições anteriores.

20ª Lição

A Fé

A fé é a confiança que depositamos em Deus.

Para vencermos as nossas provas e as nossas expiações é preciso ter fé, isto é, ter a certeza de que seremos os vencedores.

Nós temos fé em Deus porque sabemos que Ele é um Pai Bondoso que não desampara nenhum de seus filhos.

Nós temos fé em Jesus porque sabemos que Ele é nosso Mestre e nos guia para uma vida melhor.

Nós temos fé em nosso anjo da guarda porque sabemos que ele tudo fará para nos ajudar.

Nós temos fé em nós mesmos porque sabemos que pelos nossos esforços seremos o que desejamos ser e realizaremos nossas nobres aspirações.

Quem tem fé confia muito em Deus, porque sabe que nada pode sem o auxílio de Deus.

Quem tem fé trabalha com coragem e alegria.

Uma ocasião, quando saía da Betânia com seus discípulos, Jesus teve fome; e, vendo ao longe uma figueira, para ela se encaminhou a ver se acharia algum figo. Tendo-se aproximado só achou folhas, visto não ser tempo de figos. Então disse Jesus à figueira: "Que ninguém coma de ti fruto algum"; o que seus discípulos ouviram.

No dia seguinte, ao passarem pela figueira, viram que secara até a raiz. Pedro, lembrando-se do que dissera Jesus, disse: "Mestre, olha como secou a figueira que tu amaldiçoaste".

Jesus, tomando a palavra, lhe disse: "Tende fé em Deus; digo-vos, em verdade, que aquele que disser a esta montanha: "Tira-te daí e lança-te no mar", mas sem hesitar em seu coração, crente firmemente de que tudo o que houver dito acontecerá, verá que de fato acontece".

Perguntas

1 – O que é a fé?
2 – Por que é que precisamos ter fé?
3 – Por que temos fé em Deus?
4 – Por que temos fé em Jesus?
5 – Por que temos fé em nosso anjo da guarda?
6 – Por que temos fé em nós mesmos?
7 – Por que confia muito em Deus a pessoa que tem fé?
8 – O que disse Jesus sobre a fé?

21ª Lição

Os Espíritos

Os espíritos são os seres inteligentes da Criação. Povoam o universo fora do mundo material.

De um modo geral podemos dividir os espíritos em três categorias: espíritos imperfeitos, espíritos bons e espíritos puros.

Os espíritos imperfeitos são aqueles que se acham no começo de sua evolução espiritual.

Os espíritos imperfeitos são inclinados ao mal e vivem mais a vida material do que a espiritual.

Quando os espíritos imperfeitos estão encarnados, podemos reconhecê-los nessas pessoas que não sabem fazer o bem, não procuram melhorar-se, vivem apenas para a satisfação de seus caprichos e não se importam com o sofrimento de seu próximo.

Os espíritos bons são aqueles que já realizaram um pequeno progresso.

Os espíritos bons compreendem a vida espiritual, possuem o sentimento da caridade desenvolvido e se esforçam por se aperfeiçoarem cada vez mais.

Quando os espíritos bons estão encarnados, *podemos* reconhecê-los nessas pessoas bondosas, calmas, pacientes e trabalhadoras.

Os espíritos bons praticam o bem e ajudam os outros no que puderem.

Os espíritos bons não têm orgulho nem vaidade.

Os espíritos puros são os espíritos livres da ignorância e da imperfeição.

Os espíritos puros já alcançaram a perfeição porque atravessaram todas as fases do progresso e conquistaram a felicidade nos mundos divinos.

Deus criou todos os espíritos para serem perfeitos.

Depende da boa vontade de cada um tornar-se perfeito em mais ou menos tempo.

Com o passar dos anos os imperfeitos se tornarão bons e os bons se tornarão puros.

Ninguém está esquecido no reino de Deus.

Perguntas

1 – Quem são os espíritos?
2 – Em quantas categorias podemos dividir os espíritos?
3 – Quais são os espíritos imperfeitos?
4 – Quais são os espíritos bons?
5 – Quais são os espíritos puros?
6 – Uma pessoa bondosa é a encarnação de que espírito?
7 – Por que não há ninguém esquecido no reino de Deus?

22ª Lição

A Vida Espiritual

Nós começaremos a viver a vida espiritual no instante em que a morte nos libertar do corpo material.

Um mundo novo cheio de encantos e de sensações deliciosas se apresentará aos nossos olhos espirituais.

Encontraremos os nossos entes queridos, o nosso anjo da guarda, os nossos amigos e com eles manteremos agradáveis palestras. Faremos perguntas, ansiosos por conhecer nossa nova pátria.

Relembraremos nossas existências passadas. Recordaremos satisfeitos os trabalhos e os sofrimentos que passamos na Terra e compreenderemos que nos serviram de lições proveitosas.

Auxiliados por nosso anjo da guarda, traçaremos um novo plano de trabalho e iniciaremos uma nova luta para a conquista de um grau mais elevado.

Os espíritos se transportam no espaço com a rapidez do relâmpago.

A matéria não é obstáculo para os espíritos, atravessam-na como a luz atravessa um vidro.

No mundo espiritual, os espíritos se agrupam por simpatia e por semelhança de ideias; constituem assim grandes famílias espirituais cujos membros trabalham para a realização de um ideal comum.

Entre os espíritos adiantados não existe a inveja, não existe o ódio e nenhum quer ser mais do que o outro.

A superioridade moral é que estabelece o grau de poder de um espírito; os espíritos inferiores obedecem aos superiores de um modo irresistível.

O espaço infinito constitui o seu mundo, e livre e feliz o espírito o percorre em todas as direções. Visita os mundos e contempla a maravilhosa criação de Deus.

Mas a sua permanência no espaço não é longa. Depois de ter descansado e fortificado seu ânimo, encarna-se em mundos mais adiantados, onde novas lutas e novos progressos o aguardam.

E assim, de encarnação em encarnação, de mundo em mundo nós caminhamos para Deus.

Chega, porém, um dia em que não precisaremos mais encarnar; é quando formos perfeitos; receberemos o grau de emissários diretos da vontade divina e cooperaremos com o Senhor na manutenção de suas leis harmoniosas.

Tal é o glorioso destino que nos aguarda e para o qual fomos criados.

O caminho é longo, mas apoiados na humildade e na caridade, nós o trilharemos facilmente.

Perguntas

1 – Quando começaremos a viver a vida espiritual?
2 – Quem encontraremos no mundo espiritual?
3 – Por que nós nos recordaremos satisfeitos dos trabalhos e sofrimentos passados?
4 – Como se agrupam os espíritos no mundo espiritual?
5 – O que estabelece o grau de poder de um espírito?
6 – Como é que nós caminhamos para Deus?
7 – Quando é que um espírito não precisa mais se encarnar?
8 – Quais são as duas virtudes que nos levarão ao glorioso destino que nos aguarda?

23ª Lição

O Perispírito

Agora nós somos espíritos encarnados, sendo o nosso corpo material um envoltório que usamos durante o tempo de nossa encarnação.

Há em nós três coisas:

1ª – o corpo material *igual ao corpo dos animais*;
2ª – *o espírito* encarnado no corpo;
3ª – o laço que prende o espírito ao corpo.

O laço que prende o espírito ao corpo se chama perispírito e é uma espécie de envoltório fluídico.

A morte destrói o corpo material. O espírito conserva o perispírito que lhe constitui um corpo etéreo, invisível para nós no estado normal.

É por meio do perispírito que os espíritos trabalham no mundo espiritual, como nós trabalhamos com o corpo material aqui na Terra.

O perispírito guarda o resultado de nossas encarnações; é como se fosse um arquivo onde guardamos nosso passado.

O perispírito revela o que nós somos; mostra o que fizemos e diz a todos a que classe de espíritos pertencemos.

É por isso que no mundo espiritual nada pode ficar oculto. Lá ninguém pode fingir ser o que não é. Todas as ações que praticamos se gravam em nosso perispírito.

Como em um livro aberto, todos podem ler no perispírito de cada um o bem e o mal que cada um praticou.

A cor do perispírito varia de acordo com a categoria à qual um espírito pertence; pode ser escura, quase preta, ou brilhante como uma estrela.

Os espíritos imperfeitos possuem perispírito escuro.

Os espíritos bons possuem um perispírito brilhante.

Os espíritos puros possuem um perispírito luminoso como um sol.

Perguntas

1 – Quais são as três coisas que nos compõem?
2 – O que é o perispírito?
3 – Para que serve o perispírito?
4 – O que o perispírito guarda?
5 – O que o perispírito mostra?
6 – Por que é que no mundo espiritual nada pode ficar oculto?
7 – De que cor é o perispírito dos espíritos imperfeitos?
8 – De que cor é o perispírito dos espíritos bons?
9 – De que cor é o perispírito dos espíritos puros?

24ª Lição

Não Julguemos

O hábito de julgar os outros constitui uma das imperfeições de nosso caráter. É preciso que empreguemos todos os nossos esforços para ficarmos livres dessa imperfeição.

Julgar os outros é uma das maneiras de a gente ser orgulhosa, porque quem julga pensa que é superior a seus irmãos.

Reparar na vida alheia; falar mal de nossos colegas, de nossos amigos e de nossos parentes; criticar os atos dos outros; fazer intrigas; contar para todos as faltas que viu alguém cometer; tudo isso é julgar os outros.

Quem assim procede não compreende o mandamento *amemo-nos uns aos outros* e falta com o dever da caridade.

Não podemos reparar nos defeitos de nosso próximo porque nós também estamos cheios de defeitos.

O direito de julgar pertence a Deus. Só nosso Pai sabe julgar com justiça os erros de seus filhos.

Um modo fácil que nos ajudará a ficar livres desse defeito é ter por regra o seguinte: "Falar e pensar somente bem de todos; quando não pudermos falar bem, fiquemos quietos ou desviemos a conversa".

Há muitos assuntos belíssimos que merecem nossa atenção sem que precisemos criticar a vida dos outros.

Perguntas

1 – O que constitui o hábito de julgar os outros?
2 – Por que mostra orgulho quem julga?
3 – O que é julgar os outros?
4 – Por que não podemos reparar nos defeitos dos outros?
5 – A quem pertence o direito de julgar?
6 – Qual é o modo fácil de ficarmos livres do hábito de julgar?

25ª Lição

A Fraternidade

Devemos sempre ver em cada pessoa um nosso irmão que merece o nosso carinho, o nosso respeito e a nossa consideração.

Todos nós, quer sejamos homens ou mulheres, ricos ou pobres, sábios ou ignorantes, negros ou brancos, somos filhos do mesmo Pai, com os mesmos direitos e com as mesmas responsabilidades.

Já sabemos que pela lei da reencarnação ocuparemos todas as posições na Terra e precisaremos encarnar em todos os países e em todas as classes sociais. Em cada país e em cada classe social nós aprenderemos um pouco para que fiquemos conhecendo todas as coisas na Terra.

Já tivemos e ainda teremos na Terra muitas pátrias. Futuramente poderemos nascer em outros países e se na atual encarnação somos da raça branca ou negra, nas outras poderemos pertencer às raças amarela ou vermelha.

A escolha dos países, das raças e das classes sociais em que precisamos encarnar depende do trabalho que vamos executar para o nosso progresso e o de nossos irmãos.

Se encarnássemos sempre no mesmo país, e ocupássemos sempre a mesma posição social, nós nunca alcançaríamos a perfeição.

Não há motivos para que uma raça se julgue superior à outra; todos podem mudar de raça em cada encarnação e quem nasceu na América agora, mais tarde pode nascer na Europa ou na Ásia.

Também não há razões para que as classes ricas desprezem as classes pobres, nem que as classes pobres invejem as classes ricas; as provas são iguais para todos e cada um de nós precisa experimentá-las uma por uma.

Consideremos a humanidade toda como nossa família e a Terra inteira como nossa pátria.

E não te esqueças de que seja qual for tua religião, tua raça ou tua posição social, abraça-me: eu sou teu irmão.

Perguntas

1 – O que devemos ver em cada pessoa?
2 – Por que é que todos nós temos os mesmos direitos e as mesmas responsabilidades?
3 – O que nos ensina a lei da reencarnação?
4 – Por que é que não reencarnamos sempre no mesmo país?
5 – Por que é que ocuparemos todas as posições sociais?
6 – Por que é que não há motivos para que uma raça se julgue superior à outra?
7 – Por que é que as classes ricas não devem desprezar as classes pobres?
8 – Por que é que as classes pobres não devem invejar as classes ricas?
9 – Como devemos considerar a humanidade?
10 – Como devemos considerar a Terra inteira?

26ª Lição

O Trabalho

A Terra é uma vasta oficina onde cada um de nós executa um determinado trabalho.

Duas são as finalidades do trabalho: prover nossas necessidades materiais e aperfeiçoar nosso espírito.

Provendo nossas necessidades materiais, o trabalho nos livra da miséria, dá-nos o conforto do lar, a roupa e o pão.

O trabalho nos eleva moralmente porque a pessoa trabalhadora toma parte ativa no progresso do mundo e concorre para o bem-estar de todos.

Aperfeiçoando nosso espírito, o trabalho nos ensina a disciplina, a paciência e a obediência.

O trabalho desenvolve o nosso sentido de observação e a nossa inteligência e nos mostra o grande valor da cooperação, isto é, que precisamos ajudar-nos uns aos outros.

Do pequenino trabalho de cada um de nós é que surgem as grandes empresas e as grandes nações. Tudo no universo trabalha e da união de todos os esforços os espíritos progridem e o mundo melhora.

Cada um de nós é chamado a desempenhar uma determinada tarefa de acordo com o seu grau de adiantamento e de acordo com as provas pelas quais terá de passar; daí nasce a grande divisão do trabalho que beneficia a todos: o que um não faz outro faz e assim não há falta de nada.

Por mais humilde que um trabalho seja, nunca o devemos desprezar. Se todos nós quiséssemos ser escriturários, o que produziriam as fábricas e o que nasceria nos campos? As fábricas nada produziriam e nos campos só cresceria o mato.

Todo trabalho honesto é abençoado por Deus.

Jesus, nosso luminoso Mestre, quando se encarnou entre nós trabalhou de carpinteiro; provou assim que todo trabalho é santo e que muito vale o trabalho de nossas mãos.

O maior trabalhador do universo é Deus.

Jesus disse: "*Nosso Pai trabalha incessantemente: por isso nós também devemos trabalhar*".

Perguntas

1 – Quais as finalidades do trabalho?
2 – Por que o trabalho nos eleva moralmente?
3 – De que maneira o trabalho aperfeiçoa nosso espírito?
4 – Donde é que se origina a grande divisão do trabalho?
5 – Qual é o benefício que nos traz a divisão do trabalho?
6 – Por que é que não devemos desprezar nenhum trabalho?
7 – O que provou Jesus quando se entregou ao trabalho de carpinteiro?
8 – Quem é o maior trabalhador do universo?

27ª Lição

O Estudo

O estudo é o companheiro do trabalho, o estudo planeja e o trabalho realiza.

O estudo põe nossa inteligência em atividade e desperta nossa atenção para as coisas superiores do universo.

A escola nos ensina a ler e a escrever e nos orienta no caminho do progresso.

Mas não é só na escola que estudamos. O estudo que nos torna sábios é feito no silêncio de nosso quarto, perto da estante de nossos livros.

Os livros são nossos melhores professores.

Os bons livros nunca nos enganam e estão sempre prontos a nos ensinar alguma coisa.

Para que nosso espírito se aperfeiçoe é necessário que estudemos as coisas espirituais.

O estudo das coisas espirituais nos dá a Sabedoria.

Sabedoria é sentimento; é iluminação em nome de Deus e de Jesus.

Sentimento é o amor que dedicamos ao nosso próximo.

Iluminação é o perfeito conhecimento das leis de Deus.

Jesus é um espírito iluminado porque conhece as leis de Deus e sabe aplicá-las em benefício de seus irmãos mais atrasados

Precisamos estudar ativamente para adquirirmos o conhecimento espiritual; porque o conhecimento espiritual é a chave de toda a ciência.

Agora que somos estudantes da Verdade temos o dever de formar uma pequenina biblioteca em nosso lar e dedicar algumas horas por semana à leitura de um bom livro.

Perguntas

1 – O que põe nossa inteligência em atividade?
2 – O estudo desperta nossa atenção para quê?
3 – Qual é o estudo que nos torna sábios?
4 – Quais são os nossos melhores professores?
5 – Qual é o estudo que aperfeiçoa nosso espírito?
6 – O que nos dá o estudo das coisas espirituais?
7 – O que é a Sabedoria?
8 – O que é o Sentimento?
9 – O que é Iluminação?
10 – Por que é que Jesus é um espírito iluminado?

28ª Lição

Façamos o Bem

Todos nós queremos ter direito à felicidade; portanto, trabalhemos esforçadamente para adquirirmos esse direito.

A felicidade, como tudo o que há no universo, só é dada a quem lutar por ela.

Deus nos dá tudo, mas deseja que façamos alguma coisa em troca do que Ele nos concede.

"Eu te farei feliz", diz o Senhor, "mas antes quero que tu faças felizes os teus irmãos".

Só somos realmente felizes quando trabalhamos para tornar os outros felizes.

Fazer o bem aos outros é o único meio que nos proporcionará a felicidade e nos dará direito à recompensa do Pai.

Na prática do bem não devemos distinguir as pessoas; os conhecidos e os desconhecidos merecem nossa atenção.

É preciso que saibamos ir procurar as misérias ocultas, as aflições alheias e sobre elas estender as consolações que o Senhor nos conceder.

Não percamos nenhuma ocasião de sermos úteis, de prestarmos um serviço, de suavizarmos uma dor; porque aquilo mesmo que dermos a nossos irmãos, o Pai dará a nós também.

Há um ditado que diz: "Façamos o bem sem olhar a quem".

Esse provérbio é verdadeiro e significa que é nossa obrigação fazer o bem até para as pessoas que não gostam de nós, até a nossos inimigos.

Perguntas

1 – A quem é dada a felicidade?
2 – Para nos dar alguma coisa, o que o Pai exige de nós?
3 – Quando é que somos felizes?
4 – Qual é o único meio que nos proporcionará a felicidade?
5 – Na prática do bem, devemos escolher as pessoas?
6 – O que precisamos procurar para praticarmos o bem?
7 – Quais são as ocasiões que nao devemos perder?
8 – Como se explica o ditado “Façamos o bem sem olhar a quem”?

29ª Lição

Allan Kardec

O Espiritismo é velho como o mundo; existiu em todas as épocas e em todas as nações.

Mas o Espiritismo tal qual o conhecemos hoje é novo. Tomou corpo e firmou-se como doutrina em 1857, ano em que Allan Kardec publicou O *Livro dos Espíritos*.

Allan Kardec nasceu em Lyon, cidade da França, no dia 3 de outubro de 1804; chamava-se Hippolyte Léon Denizard Rivail e para escrever sobre o Espiritismo adotou o nome de Allan Kardec, que tivera em uma encarnação passada.

Era um apaixonado pelo trabalho e pelo estudo. Formou-se bacharel em ciências e letras, e doutor em medicina. Estudou vários idiomas e falava corretamente o alemão, o inglês, o italiano, o espanhol e o holandês.

Casou-se em 6 de fevereiro de 1832 com a senhorita Amélia Boudet.

Dirigia a contabilidade de três casas comerciais, trabalho com o qual ganhava o ordenado para manter-se.

À noite escrevia gramáticas, aritméticas e traduzia livros ingleses e alemães. Ensinava física, química, astronomia, anatomia e mais tarde tornou-se professor ginasial.

No começo do ano de 1855 ouviu falar nos fenômenos espíritas. Em maio desse mesmo ano assistiu pela primeira vez a uma sessão espírita. Terminada a sessão declarou: "Entrevi... como que a revelação de uma nova lei que a mim mesmo prometi aprofundar".

Entregou-se seriamente ao estudo do Espiritismo e de todas as partes do mundo recebia as comunicações que lhe serviam de lições.

Allan Kardec estudou e analisou muito bem os ensinamentos recebidos e com eles escreveu os livros que formam a base do Espiritismo moderno.

No dia 31 de março de 1869, sob os olhares carinhosos de Jesus, desencarnou Allan Kardec, com 65 anos de idade, feliz por ter espalhado pela humanidade a doutrina do Perdão, do Amor e da Fraternidade.

Perguntas

1 – É muito antigo o Espiritismo?
2 – Desde quando o Espiritismo tornou-se a doutrina que conhecemos?
3 – Quem deu forma à doutrina Espírita?
4 – Onde e quando nasceu Allan Kardec?
5 – Qual era o verdadeiro nome de Allan Kardec?
6 – O que era Allan Kardec?
7 – Em que ano Allan Kardec ouviu falar em Espiritismo e quando assistiu a uma sessão espírita?
8 – O que Allan Kardec declarou depois que assistiu à primeira sessão espírita?
9 – Como Allan Kardec escreveu seus livros?
10 – Em que data desencarnou Allan Kardec?

30ª Lição

Os Livros de Allan Kardec

No dia 18 de abril de 1857, Allan Kardec publicou *O Livro dos Espíritos.*

Três anos ele trabalhou para pôr em ordem as lições que os espíritos lhe enviavam. Era preciso analisá-las muito bem para verificar se estavam de acordo com a ciência. Tudo o que a ciência não comprovava, Allan Kardec não aceitava.

Imaginemos que estamos em uma floresta e a noite é escura; somente às apalpadelas e muito devagarinho é que podemos caminhar e mesmo assim é fácil cair nos buracos. De repente um farol ilumina a floresta toda e mostra-nos a estrada; podemos então andar mais depressa e sem receio, porque temos a luz para nos guiar.

A humanidade também andava mergulhada na noite escura da ignorância até o dia em que *O Livro dos Espíritos*, como um farol poderoso, rasgou as trevas e indicou-nos o caminho do futuro, a Verdade e a Vida Eterna.

O Livro dos Espíritos nos ensina donde viemos, o que estamos fazendo na Terra e para onde iremos; é o alicerce da Doutrina Espírita.

Em janeiro de 1861, Allan Kardec publicou *O Livro dos Médiuns.* Nesse livro Allan Kardec trata da parte prática do Espiritismo.

Em abril de 1864, Allan Kardec publicou *O Evangelho Segundo o Espiritismo.* Esse livro reúne as mais belas e consoladoras mensagens que os espíritos enviaram à Terra. Nele está explicado o Evangelho de

Jesus em toda sua pureza. É um livro que devemos ler durante toda nossa vida.

No dia 19 de agosto de 1865, Allan Kardec publicou o livro intitulado *O Céu e o Inferno, ou a Justiça Divina Segundo o Espiritismo*. Lendo-o ficamos sabendo quais são os castigos e as recompensas futuras e a situação dos espíritos no mundo espiritual.

Em janeiro de 1868, publicou *A Gênese, os Milagres e as Predições, Segundo o Espiritismo*. Nele Allan Kardec nos explica cientificamente a formação da Terra, o que são os milagres e as profecias e várias leis que regem o universo.

Dentre os continuadores da obra de Allan Kardec é preciso citar Léon Denis, que desenvolveu a parte filosófica da Doutrina Espírita, e Gabriel Delanne, que lhe expôs a parte científica.

Os livros de Allan Kardec, Léon Denis e Gabriel Delanne devem ser lidos carinhosamente por todos os encarnados que desejam progredir.

Perguntas

1 – Quando Allan Kardec publicou *O Livro dos Espíritos?*
2 – O que é *O Livro dos Espíritos?*
3 – O que nos ensina *O Livro dos Espíritos?*
4 – Do que trata *O Livro dos Médiuns?*
5 – O que está explicado no livro *O Evangelho Segundo o Espiritismo?*
6 – Qual é o livro que nos mostra a situação dos espíritos desencarnados?
7 – O que Allan Kardec estuda no livro *A Gênese?*
8 – Quais foram os continuadores da obra de Allan Kardec?

31ª Lição

A Humildade

Jesus não se cansou de exemplificar a humildade.

"Quem se exalta será humilhado e quem se humilha será exaltado", disse ele.

Quem se exalta é uma pessoa orgulhosa.

O orgulhoso não sabe falar carinhosamente a seus irmãos, esquece-se de Deus e despreza as palavras do Mestre.

Quando os orgulhosos desencarnam, ficam desapontados no mundo espiritual; seus perispíritos se apresentam manchados pelo orgulho e privados do que possuíam na Terra, não encontram no mundo espiritual a felicidade que só a humildade e a caridade poderiam proporcionar-lhes.

Diferente é a situação dos humildes.

Devemos considerar humildes as pessoas modestas, simples e amigas de todos.

Os humildes não se julgam mais do que são e se inclinam respeitosamente diante da vontade de Deus.

Podemos ser humildes em todas as classes sociais; desde a mais pequenina até a mais elevada.

A humildade é uma grande virtude e precisamos cultivá-la quer estejamos no meio da riqueza, quer estejamos na pobreza.

A bondade é a forma mais bela da humildade. Sejamos bondosos para com todos e seremos humildes.

A pessoa bondosa é uma semeadora de felicidades: ensina os que não sabem; cura os doentes; arranja trabalho para os desempregados; consola os aflitos; espalha a fé e a esperança por todos os lados.

Uma pessoa bondosa é aquela que saber servir a todos.

Um dia os discípulos de Jesus lhe perguntaram: "Mestre, quem é o maior no reino dos céus?" Jesus respondeu: "Aquele que servir a seus irmãos é o maior no reino dos céus".

Perguntas

1 – O que Jesus exemplificou?
2 – O que disse Jesus sobre os orgulhosos e os humildes?
3 – O que faz uma pessoa orgulhosa?
4 – Qual é a situação dos orgulhosos no mundo espiritual?
5 – Quais são as pessoas que podemos considerar humildes?
6 – O que faz uma pessoa humilde?
7 – Qual é a virtude que precisamos cultivar quer sejamos pobres ou ricos?
8 – Qual é a forma mais bela da humildade?
9 – O que é uma pessoa bondosa?
10 – O que faz uma pessoa bondosa?
11 – Quem é o maior no reino dos céus?

32ª Lição

Honremos a nosso Pai e a nossa Mãe

Quando o Senhor nos ordena que honremos a nosso pai e a nossa mãe, chama-nos ao cumprimento de nosso mais alto dever de amor ao próximo.

Pensemos na dívida de gratidão que devemos a nossos pais: de quantos perigos eles nos livraram; que esforços eles ainda fazem para que possamos progredir!

Para chegarmos a ser o que somos, quantas noites maldormidas, quantos dias de sacrifícios, quanto trabalho eles tiveram!

Quem está sempre pronto a se privar de alguma coisa em nosso benefício? Somente há duas pessoas que não hesitam em se privar de tudo para que nada nos falte: é o nosso pai e a nossa mãe.

A única maneira pela qual podemos retribuir com um pouquinho o muito que lhes devemos é honrando-os.

Honrarmos a nossos pais é demonstrar-lhes o nosso amor filial e a nossa profunda gratidão por tudo quanto fizeram por nós.

Honrar aos pais é respeitá-los; é obedecer-lhes; é socorrê-los nas necessidades; é proporcionar-lhes repouso na velhice; é cercá-los de carinho e cuidados como fizeram conosco quando éramos pequeninos.

Se alguém, por qualquer motivo, não está sendo criado por seus pais, lembre-se de que deve a quem o cria a mesma honra que a eles.

Perguntas

1 – Que dever cumprimos quando honramos a nossos pais?
2 – Qual é a dívida que temos com nossos pais?
3 – O que nossos pais fizeram e fazem por nós?
4 – Quem não hesita em se privar de tudo para que nada nos falte?
5 – Como demonstramos a nossos pais o amor que lhes consagramos?
6 – O que é honrar aos pais?

33ª Lição

A Família

Os espíritos se ajudam uns aos outros para conseguirem a perfeição. Para que possamos ajudar-nos uns aos outros é que constituímos uma família e temos nosso lar.

Os membros de uma família têm o sagrado dever de se ajudarem uns aos outros, porque vieram do mundo espiritual para progredirem juntos.

O lar é uma oficina de trabalhos, de estudo, de aperfeiçoamento e de auxílios mútuos.

Os pais receberam a santa missão de auxiliarem o adiantamento dos espíritos que Deus lhes confiou.

Assim sendo, os pais são os orientadores dos filhos. É dever dos pais educá-los, corrigir-lhes os defeitos e ensinar-lhes o amor a Deus e ao próximo.

Os pais devem fazer de seus filhos verdadeiras pessoas de bem.

O principal dever dos filhos é honrar a seus pais.

Entre os irmãos é preciso haver o amor fraterno.

Amor fraterno é a estima que os irmãos se consagram.

Amor fraterno é a solidariedade que liga os irmãos e faz com que todos estejam unidos, quer nos momentos de alegria, quer nos momentos de tristeza; na prosperidade e na adversidade.

Amor fraterno é o trabalho em comum para a realização do adiantamento de todos. Assim, os irmãos mais bem aquinhoados ou pela fortuna ou pela inteligência, são os indicados para ajudar os pais tratarem da família.

Amor fraterno é a tolerância que os irmãos devem manter entre si, nunca se criticando, mas sim corrigindo os maus atos uns dos outros, de acordo com os ensinamentos de Jesus.

Uma família harmoniosa é a família cujos membros vivem de comum acordo praticando o bem.

Perguntas

1 – Por que os espíritos se ajudam uns aos outros?
2 – Por que é que constituímos uma família e temos o nosso lar?
3 – Qual é o sagrado dever dos membros de uma família?
4 – O que é o lar?
5 – Qual é a missão dos pais?
6 – Qual é o dever dos pais?
7 – O que os pais devem fazer de seus filhos?
8 – Qual é o principal dever dos filhos?
9 – O que é preciso haver entre os irmãos?
10 – O que é o amor fraterno?
11 – O que é uma família harmoniosa?

34ª Lição

A Última Ceia
(Poema de Judas Isgorogota)

– Mestre, aqui estamos nós para a última ceia,
Todavia, que mágoa em nosso coração.
Enquanto há por aí tanta despensa cheia
Do melhor trigo e da melhor aveia,
A nós nos resta unicamente um pão...
Mestre, como viver assim sem alimento?...
Tal angústia deveis poupar a vosso Pai.
Multiplicando pães, destes um dia alento
À imensa multidão... Por quem sois, escutai!
Repeti vosso gesto bom neste momento!
O pequenino pão multiplicai!
– Sua fome terá saciada eternamente
Aquele que tiver meu Pai no coração.
Àquele que tem fé lhe basta um pão somente...
Multiplicando pães foi meu desejo
Aos homens demonstrar
O quanto pode a fé... Que ao seu bafejo
Tudo é possível conquistar...
Não seja, pois, somente a mim que se consagre
Tão profunda e sincera exaltação,
Mas à chama da fé que jamais esmorece...
A fé que nos consola, anima e fortalece;

A fé que purifica o nosso coração
E nos faz muitas vezes realizar um milagre:
Multiplicar um pão!
Foi essa uma lição de fé que vos dei certo dia.
Com a fé vencereis o impossível até!
Nem guerra, nem fome, nem peste haveria
Se fôsseis todos vós homens de muita fé!
Prestai toda atenção ao que aqui vos ensino
Que outro sentido tem esta última lição:
Ontem vos aclarei o milagre divino
Da multiplicação:
Hoje que só tendes este pão pequenino,
Hoje ireis aprender a dividir o pão!
Que este meu gesto seja sempre o vosso gesto;
Onde sobras houver, que jamais fique um resto
Que se oculte ao que peça em nome do Senhor...
E onde quer que haja alguém a padecer de fome;
E onde quer que haja alguém a debater-se, a braços
Com a miséria e a dor,
Que não ouse jamais pronunciar meu nome
Quem não souber partir um pão em dois pedaços
Ou mais pedaços, se preciso for.

Nota: O professor explicará minuciosamente o significado deste poema e fará uma série de perguntas, recordando as lições anteriores.

35ª Lição

Conhece-te a Ti Mesmo

Já sabemos que estamos encarnados para aprender alguma coisa nova e para corrigir as imperfeições de nosso caráter.

É corrigindo o nosso caráter que limparemos o nosso perispírito das manchas que se acumularam nele.

A melhor maneira de corrigirmos nossas imperfeições é fazendo um cuidadoso estudo de nós mesmos.

"Conhece-te a ti mesmo", disse Sócrates, que foi um luminoso espírito que veio à Terra há muitos séculos.

Na verdade, precisamos estudar nosso caráter, descobrir quais são os nossos defeitos, para em seguida corrigi-los.

É conhecendo o que somos que ficaremos melhores.

De nossas vidas passadas nós ainda trazemos um resto de defeitos dos quais precisamos ficar livres.

Cada um deve procurar os seus defeitos e arrancá-los de seu coração, como o bom jardineiro arranca do seu jardim as ervas daninhas.

Os vaidosos, os orgulhosos, os arrogantes devem esforçar-se por serem amigos de todos e tratarem a todos com benevolência, carinho e amizade.

Os nervosos e irritadiços devem dominar a cólera, serem mansos e pacíficos e saberem controlar seus nervos.

Os preguiçosos que se acostumem a trabalhar com entusiasmo e alegria.

Os egoístas devem deixar de ser avarentos e dar a quem lhes pedir; e lembrarem-se de que quem dá ajunta tesouros no céu onde nem a traça nem a ferrugem os consomem e os ladrões não penetram nem roubam.

Agora nossa tarefa principal é adquirir um bom caráter que constituirá nossa fortuna espiritual.

Perguntas

1 – Para que estamos encarnados?
2 – Como limparemos o nosso perispírito?
3 – Qual é a melhor maneira de corrigirmos nossos defeitos?
4 – O que disse Sócrates?
5 – Por que Sócrates ensinou que cada um deve conhecer-se a si mesmo?
6 – O que ainda trazemos de nossas vidas passadas?
7 – O que devem fazer os orgulhosos?
8 – O que devem fazer os maus?
9 – O que devem fazer os nervosos?
10 – O que devem fazer os preguiçosos?
11 – O que devem fazer os egoístas?
12 – Agora qual é a nossa principal tarefa?

36ª Lição

O Livre-Arbítrio

O livre-arbítrio é a liberdade que cada um de nós tem de fazer ou não uma coisa qualquer.

O livre-arbítrio nos torna plenamente responsáveis por todos os nossos atos.

Deus nos concedeu o livre-arbítrio para que nós mesmos construíssemos o nosso destino.

Depende unicamente de nós seguir o caminho do bem que nos fará felizes ou o do mal que nos conduzirá ao sofrimento.

Pertence-nos o mérito de nossas boas ações e a culpa de nossos males.

Cada ato praticado é seguido de uma consequência. Um ato bom traz boas consequências. Um ato mau traz más consequências.

Podemos praticar o mal, mas temos que aguentar as consequências. Já sabemos quais são as consequências do mal; é uma reencarnação dolorosa.

Todos os que sofrem é porque não usaram o seu livre-arbítrio para a prática do bem.

Nós temos inteligência suficiente para distinguir o que é bom do que é ruim e saber aceitar o que é útil e repelir o que não serve.

A nossa consciência guia a nossa inteligência e nos mostra o que devemos e o que não devemos fazer.

É ouvindo a consciência que usaremos com acerto o livre-arbítrio.

Para que possamos ouvir a consciência é preciso pensar antes de fazer ou dizer alguma coisa.

Antes de tomar uma decisão devemos estudá-la com cuidado para verificar quais serão as consequências. Somente depois que tivermos certeza de que as consequências do que vamos fazer ou dizer são boas é que poderemos executar o que pretendemos.

Outra coisa que devemos evitar é agir sem refletir.

Em qualquer circunstância é preciso conservar a calma.

Pensar primeiro, agir depois.

Perguntas

1 – O que é o livre-arbítrio?
2 – Por que Deus nos concedeu o livre-arbítrio?
3 – Por que é que somos os donos de nosso destino?
4 – Quais são as consequências do mal?
5 – Como é que poderemos usar bem o nosso livre-arbítrio?
6 – Como é que se ouve a consciência?
7 – O que devemos fazer antes de tomar uma decisão?

37ª Lição

As Provas e as Expiações

Para que possamos dar valor à felicidade é necessário sabermos quanto ela custa.

A dor, as humilhações, os reveses, as enfermidades, o trabalho e o estudo são as provas e as expiações com as quais compramos nossa felicidade futura.

Com as expiações nós liquidamos nossos erros passados, satisfazendo assim a justiça divina.

As provas servem para desenvolver o nosso Sentimento, a nossa Fé e a nossa força de vontade.

Antes de começar sua existência no mundo material, o espírito escolhe o gênero de provas ou de expiações pelas quais terá de passar.

Escolhendo ele próprio suas provas e expiações, o espírito usa o seu livre-arbítrio.

Desse modo fomos nós mesmos que escolhemos a vida que agora estamos vivendo. Por isso é nosso dever aceitar com entusiasmo todos os trabalhos que a vida nos impõe e suportar resignadamente, sem reclamar, os sofrimentos que nos tocarem.

Aqueles que não cumprirem suas provas ou não suportarem suas expiações terão de recomeçá-las.

Os que reclamam; os que não têm paciência nas aflições; os que falam contra a pobreza em que vivem; os que não se contentam com o que possuem; os que usam a riqueza apenas para a satisfação de seus caprichos; os que usam do poder apenas para oprimir os outros; os que se orgulham de seus talentos; todos esses não sabem cumprir suas provas nem suportar suas expiações.

Ninguém recebe uma prova ou uma expiação superior a suas forças.

O Pai misericordioso e bom só dá a seus filhos um fardo que eles possam carregar.

Perguntas

1 – Quem é que sabe dar valor à felicidade?

2 – Quais são as provas e as expiações com as quais compramos a felicidade?

3 – Para que servem as expiações?

4 – Para que servem as provas?

5 – Quem é que escolheu para nós o gênero de vida que agora vivemos?

6 – Por que é que devemos aceitar os trabalhos com entusiasmo e os sofrimentos sem reclamar?

7 – O que terão que fazer os que não souberem cumprir suas provas ou suportar suas expiações?

8 – Quais são os que não sabem cumprir suas provas, nem suportar suas expiações?

38ª Lição

A Providência Divina

A Providência Divina é a solicitude com que o Pai trata de toda sua criação.

Se lançarmos a vista pelo firmamento veremos as estrelas seguirem o seu curso; e o Sol a nos enviar a luz e o calor; e a Terra não ser perturbada em sua viagem pelo espaço.

É a Providência Divina amparando o universo.

Olhemos a natureza que nos cerca. Árvores gigantescas nasceram de pequeninas sementes; cresceram e dão frutos.

Insetos, passarinhos e animais abrigam-se nas florestas e nelas encontram o seu sustento.

As flores desabrocham-se em variadas cores, oferecendo às abelhas mel e pólen e a todos o seu perfume.

No seio dos mares vivem milhões de seres; no seio da Terra jazem os minerais esperando que o homem os transforme em riquezas.

No ar se acumulam as nuvens que, caindo em chuvas, alimentam os rios e fecundam as lavouras.

Por toda parte vemos Deus animando o universo; porque Deus é a Vida.

Tenhamos confiança em Deus; porque se ele trata dos bichinhos, com muito maior cuidado trata de nós. Nós valemos muito mais do que os bichinhos.

Não tenhamos medo do futuro.

Não andemos cuidadosos pelo que acontecerá amanhã.

A Providência Divina também nos ampara.

O que Deus quer de nós é que vivamos de acordo com sua vontade.

A vontade de Deus é que sigamos a lei da caridade.

Deus que é Amor, nada nos deixará faltar.

Acima da vontade dos homens está a soberana vontade de Deus. Só Ele sabe o que é melhor para cada um de nós. Confiemos nele porque Ele muda os sofrimentos em consolações e as tristezas em alegrias.

Perguntas

1 – O que é a Providência Divina?
2 – Quem anima o universo?
3 – Por que devemos ter confiança na Providência Divina?
4 – Por que não devemos temer o futuro?
5 – O que o Pai quer de nós?
6 – Qual é a vontade do Pai?
7 – O que está acima da vontade dos homens?

39ª Lição

Qualidades de uma Pessoa de Bem

Eis como Allan Kardec nos ensina a ser uma pessoa de bem.

A verdadeira pessoa de bem é a que cumpre a lei da justiça, do amor e da caridade na sua maior pureza.

Interrogando sua consciência sobre seus próprios atos, a si mesma perguntará se não praticou o mal, se fez todo o bem que podia.

Tem fé em Deus.

Sabe que sem a permissão de Deus nada lhe pode acontecer.

Aceita sem se queixar os sofrimentos, porque sabe que são necessários ao seu progresso espiritual.

Faz o bem pelo bem, sem esperar recompensas.

Paga o mal com o bem e coloca a justiça acima de tudo.

Sente-se feliz em poder servir os outros.

A pessoa de bem é boa, humana e benevolente para com todos. Não faz distinção de raças nem de crenças nem de nacionalidades porque sabe que todos são seus irmãos.

O seu guia é a caridade e evita magoar ou prejudicar os outros, porque não merece a clemência de Deus quem não sabe ser clemente para com seus irmãos.

Não alimenta ódios, nem rancores, nem desejos de vingança. Não se compraz em descobrir os defeitos alheios. Estuda suas próprias imperfeições e trabalha em combatê-las. Não se envaidece de suas riquezas, nem de seu poder.

Não se orgulha de suas vantagens pessoais, de seu saber ou de sua força.

Evita tudo o que possa tornar mais penosa a situação de seus irmãos que estão em posições inferiores.

Finalmente, uma pessoa de bem respeita seus semelhantes como também quer ser respeitada.

Perguntas

1 – O que é uma pessoa de bem?
2 – O que uma pessoa de bem pergunta à sua consciência?
3 – Por que uma pessoa de bem tem fé em Deus?
4 – Por que uma pessoa de bem aceita sem se queixar os sofrimentos?
5 – Qual é o guia de uma pessoa de bem?
6 – Quem não merece a clemência de Deus?
7 – Quais são os sentimentos que uma pessoa de bem não alimenta?
8 – O que uma pessoa de bem combate?
9 – Como respeita seus semelhantes uma pessoa de bem?

40ª Lição

O Cristianismo

O Cristianismo, ou a doutrina cristã, foi fundada por Jesus.

A palavra Cristianismo deriva-se da palavra Cristo, que quer dizer "enviado".

Jesus usava o nome de Cristo porque era o enviado de Deus para esclarecer a humanidade.

Antes de Jesus trazer a doutrina cristã ao mundo, os povos tinham apenas uma vaga ideia do que era Deus.

A maioria das nações praticava o paganismo, que era a adoração dos fenômenos da natureza sob o nome de vários deuses.

Uma pequenina minoria constituída pelo povo hebreu é que tinha uma compreensão mais clara de Deus, mas não sabia que Ele é um Pai de bondade infinita.

A religião dos hebreus lhes foi dada por Moisés.

Moisés foi um dos primeiros enviados ao nosso mundo para trazer-nos a palavra do Senhor.

Moisés deu à humanidade o decálogo ou os dez mandamentos.

Os tempos passaram e estando os povos mais esclarecidos, era preciso dar-lhes uma doutrina mais adiantada, que substituísse as leis de Moisés e o paganismo.

E Deus enviou Jesus à Terra.

O Cristianismo é a doutrina da humildade e do amor ao próximo.

Jesus resumiu os dez mandamentos de Moisés em um único mandamento que é:

"Ama a Deus sobre todas as coisas e ao próximo como a ti mesmo".

Todo o Cristianismo está contido nesse mandamento.

As leis de Moisés são designadas também pelo nome de a primeira revelação; o Cristianismo é a segunda revelação.

A Bíblia é o livro que narra as duas revelações.

Perguntas

1 – Quem fundou o Cristianismo?

2 – Por que Jesus usava o nome de Cristo?

3 – Qual era o estado das religiões dos povos antes de Jesus vir ao mundo?

4 – O que Moisés fez?

5 – Por que Jesus veio à Terra?

6 – O que é o Cristianismo?

7 – Em que mandamentos Jesus resumiu as leis de Moisés?

8 – Qual é a primeira revelação?

9 – Qual é a segunda revelação?

41ª Lição

O Espiritismo

Passaram-se os anos.

As lições de Jesus abriam caminho vitoriosamente em todos os corações.

O mundo progredia e a humanidade se tornava mais esclarecida e mais inteligente. Era preciso completar o Cristianismo.

Jesus, quando estivera no mundo, dissera que deixava de ensinar muitas coisas, porque os povos ainda não estavam suficientemente preparados para compreender tudo.

Entretanto, mais tarde ele mandaria à Terra um Consolador, guiado pelo Espírito da Verdade e esse Consolador relembraria aos homens suas lições e completaria o seu ensino.

O Consolador prometido por Jesus é o Espiritismo, ou a doutrina da terceira revelação como também é chamado.

O Espiritismo não teve fundadores. Milhares de espíritos se encarregaram de espalhá-lo pela Terra inteira.

Completando o Cristianismo, o Espiritismo nos mostra claramente donde viemos, o que estamos fazendo na Terra e para onde iremos.

A moral que o Espiritismo prega é a moral cristã, ditada por Jesus.

O Espiritismo nos ensina que somos espíritos imortais e quer estejamos na Terra, quer estejamos no mundo espiritual, trabalhamos ativamente para alcançar a perfeição.

O Espiritismo nos demonstra que a Justiça Divina é rigorosamente cumprida, havendo recompensa para os bons e castigos para os maus.

E que não há castigos eternos. O espírito culpado, logo que se arrependeu do mal que fez, obtém o perdão do Pai. Conseguido o perdão do Pai é preciso trabalhar para corrigir o mal que foi feito.

O Espiritismo relembrou à humanidade as lições do Mestre e trouxe-nos os ensinamentos que ele tinha deixado para mais tarde.

Perguntas

1 – Por que Jesus não disse tudo quando esteve na Terra?
2 – O que Jesus havia prometido mandar mais tarde?
3 – Qual é o Consolador prometido por Jesus?
4 – Quem espalhou o Espiritismo?
5 – Qual é a moral que o Espiritismo prega?
6 – O que nos ensina o Espiritismo?
7 – O que nos demonstra o Espiritismo?
8 – O que o Espiritismo relembrou aos homens?

42ª Lição

Resumo da Doutrina Espírita

Podemos resumir tudo o que já estudamos nos seguintes princípios fundamentais da doutrina espírita, como o fez Léon Denis:

1 – Uma Inteligência Suprema rege o universo. Ela regula as leis eternas às quais os seres e as coisas estão submetidos.

2 – O Senhor do universo é Deus, lei viva, foco imenso de luz e de perfeição de onde se irradiam para todos os mundos a *harmonia, o amor, a verdade e a justiça.*

3 – No universo tudo caminha para um estado superior. Tudo se transforma e se aperfeiçoa.

4 – O espírito é imortal. Contém o germe da perfeição e desenvolve-o pelos seus trabalhos e esforços, encarnando-se em mundos materiais e elevando-se através de vidas sucessivas. O espírito tem dois invólucros: um é o corpo terrestre que lhe serve de instrumento de luta e de prova e que se desfaz no momento da morte. O outro é o corpo fluídico, inseparável do espírito e que progride e se depura com ele: é o perispírito.

5 – A vida terrestre é uma escola, um meio de educação e aperfeiçoamento pelo trabalho, pelo estudo e pelo sofrimento. Livre e responsável cada um de nós traz em si a lei do seu destino; preparamos no presente nossas alegrias e nossas dores do futuro. O espírito se esclarece e se engrandece à medida que for usando o seu livre-arbítrio para praticar o bem e repelir o mal.

6 – Uma estreita solidariedade une todos os espíritos, iguais na sua origem e nos seus fins, embora ocupem diferentes degraus na escala do progresso. Gerados por Deus, seu pai comum, todos os espíritos são irmãos e formam uma imensa família.

7 – Os espíritos se classificam no espaço de acordo com a densidade de seu perispírito, relativa ao grau de adiantamento e de depuração de cada um. Os espíritos culpados e maus são envolvidos por uma espessa camada fluídica que os arrasta para os mundos inferiores onde devem encarnar-se para se livrarem de suas imperfeições. O espírito virtuoso, revestido de um corpo sutil, etéreo, participa das sensações da vida espiritual e se eleva para os mundos felizes. O espírito na sua vida superior e perfeita colabora com Deus, coopera na formação dos mundos, dirige o progresso, vela pelas humanidades e pela execução das leis divinas.

8 – O bem é a lei suprema do universo.

9 – O objetivo da vida é a educação do espírito. Assim sendo, é preciso vencer as paixões, acabar com os vícios, aumentar tudo o que for elevado. Lutar, combater, sofrer pelo bem da humanidade. Iniciar nossos irmãos nos esplendores *da harmonia, do amor, da verdade e da justiça*, tal é o segredo da felicidade no futuro, tal é *o dever.*

Perguntas

1 – O que rege o universo?
2 – O que Deus irradia para todos os mundos?
3 – Que germe o espírito contém?
4 – Como o espírito desenvolve o germe da perfeição?
5 – Quais são os invólucros que o espírito possui?
6 – O que é a vida terrestre?
7 – Como o espírito se engrandece?
8 – Qual é o destino do espírito culpado?
9 – Qual é o destino do espírito virtuoso?
10 – Qual é a lei suprema do universo?
11 – Qual é o objetivo da vida?

43ª Lição

A Tarefa dos Espíritas

Espírita é toda pessoa que vive de acordo com os ensinamentos da doutrina espírita.

O espírita sabe que seu primeiro dever é trabalhar para o seu progresso espiritual.

O segundo dever de um espírita é concorrer para o progresso de seus irmãos, auxiliando-os em seu adiantamento.

A humanidade sofre mais por falta de instrução do que propriamente por falta de pão. Compreendendo essa verdade, o espírita precisa ser um instrutor.

A tarefa que cabe aos espíritas é instruir.

A instrução que os espíritas precisam ministrar a todos divide-se em duas partes:

1 – Ensinar a Moral Cristã.

2 – Ensinar a Doutrina Espírita.

Para ensinar é preciso primeiro aprender e para aprender é preciso estudar. Os espíritas devem ser muito estudiosos.

A Moral Cristã estuda-se no Evangelho de Jesus.

O Espiritismo estuda-se nos livros escritos pelos grandes espíritos que o vieram trazer à Terra, o primeiro dos quais é Allan Kardec.

Os espíritas combaterão os vícios e a ignorância.

A tarefa dos espíritas é grandiosa; requer muito devotamento e muita abnegação.

O lema de todos os espíritas será: *devotamento e abnegação*. Sobretudo os espíritas têm o alto dever de dar o exemplo.

O exemplo é o melhor dos mestres; os espíritas precisam viver uma vida honrada e cumprirem fielmente todos os seus deveres.

Eis a nobre tarefa que cabe aos espíritas executar. Mas que ninguém se envaideça: cumprindo essa tarefa não faremos mais do que nossa obrigação.

Terminado que seja o nosso trabalho, elevemos ao Senhor a nossa prece e digamos, do fundo de nosso coração:

"Senhor, somos servos inúteis; apenas cumprimos o nosso dever".

Perguntas

1 – O que é ser espírita?
2 – Qual é o primeiro dever de um espírita?
3 – Qual é o segundo dever de um espírita?
4 – Por que é que a humanidade mais sofre?
5 – Qual é a tarefa que cabe aos espíritas?
6 – O que os espíritas precisam ensinar?
7 – Onde se estuda a Moral Cristã?
8 – Onde se estuda o Espiritismo?
9 – O que os espíritas combaterão?
10 – Qual deve ser o lema dos espíritas?

44ª Lição

A Moral Cristã

Os Bem-Aventurados

E vendo Jesus a grande multidão do povo, subiu a um monte e depois de se ter sentado, se chegaram para o pé dele os seus discípulos.

E ele os ensinava, dizendo:

"Bem-aventurados os pobres de espírito; porque deles é o reino dos céus.

Bem-aventurados os mansos; porque eles possuirão a Terra.

Bem-aventurados os que choram; porque eles serão consolados.

Bem-aventurados os que têm fome e sede de justiça; porque eles serão fartos.

Bem-aventurados os misericordiosos; porque eles alcançarão misericórdia.

Bem-aventurados os limpos de coração; porque eles verão a Deus.

Bem-aventurados os pacíficos; porque eles serão chamados filhos de Deus".

* * *

O reino dos céus é dos pobres de espírito, porque Deus não gosta de orgulhosos. Jesus designa por pobres de espírito todos os que não têm orgulho.

Os mansos possuirão a Terra porque os violentos terão que se encarnar em mundos inferiores até que se tornem mansos, isto é, bondosos. Aos poucos os maus serão expulsos da Terra e aqui só se encarnarão os bons.

A Terra é um mundo de provas e de expiações, por isso aqui há muito sofrimento. Os que sofrem estão corrigindo seus erros passados. Os que corrigem seus erros satisfazem à Justiça Divina. Quando estivermos livres de nossos erros, deixaremos de sofrer e receberemos suaves consolações no mundo espiritual. Eis por que Jesus disse que os que choram serão consolados.

A Justiça Divina é infalível. No momento oportuno recompensa os justos e castiga os culpados. Por isso Jesus disse que serão atendidos os que pedem justiça.

Os misericordiosos são felizes porque usam de misericórdia para com seu próximo. Quem trata seu próximo com misericórdia alcançará a misericórdia de Deus.

Sabemos que Deus é um espírito puro. Para que vejamos a Deus é necessário que nós também sejamos puros. Os limpos de coração são puros.

Os pacíficos são aqueles que não prejudicam ninguém nem por palavras nem por atos; por isso são felizes e Jesus os considera verdadeiros filhos de Deus.

Perguntas

1 – Quem são os pobres de espírito?
2 – Por que os mansos possuirão a Terra?
3 – Por que serão consolados os que choram?
4 – Por que serão fartos os que têm fome e sede de justiça?
5 – Quem são os misericordiosos?
6 – O que é ser limpo de coração?
7 – Quem são os pacíficos?

45ª Lição

A Moral Cristã
Deveres dos Discípulos

Vós sois o sal da Terra. E se o sal perder a sua força, com que outra coisa se há de salgar? Para nenhuma coisa mais fica servindo, senão para se lançar fora e ser pisado dos homens.

Vós sois a luz do mundo. Não se pode esconder uma cidade que está situada sobre um monte.

Ninguém acende uma lâmpada e a esconde; mas pendura a lâmpada no meio da sala para que alumie todos os que estão em casa.

Assim brilhe a vossa luz diante de toda a humanidade, que todos vejam o vosso bom comportamento e glorifiquem a Deus, vosso Pai, que está nos céus.

* * *

Jesus disse que seus discípulos são a luz do mundo, porque têm o sagrado dever de esclarecer a humanidade.

Assim como a luz destrói as trevas, os discípulos de Jesus destroem a ignorância.

Cumprindo o nosso dever de instrutores, nós devemos ensinar os que querem aprender.

Dizendo Jesus que nossa luz deve brilhar diante de toda a humanidade para que todos glorifiquem a Deus, ele nos recomenda viver uma vida que sirva de exemplo para todos.

Só ensinar não basta; é preciso, antes de tudo, praticar o que se ensina.

Quem muito fala e não pratica é igual a uma árvore que dá muitas folhas mas não dá nenhum fruto.

Os que querem ser considerados discípulos do Mestre precisam ter a coragem necessária para espalhar por toda a parte a Paz, a Esperança e a Fé e dar o exemplo da mais pura Caridade.

Perguntas

1 – Por que os discípulos de Jesus são a luz do mundo?
2 – O que os discípulos de Jesus devem destruir?
3 – O que Jesus quis dizer quando afirmou que nossa luz deve brilhar diante de todos os homens para que eles glorifiquem a Deus?
4 – A que se pode comparar aqueles que falam e não praticam?
5 – O que devem fazer os que querem ser considerados discípulos do Mestre?

46ª Lição

A Moral Cristã
Reconciliação com os Adversários

"Eu vos digo que todo aquele que se enfurece contra seu irmão estará sujeito a julgamento.

Se estiveres apresentando tua oferta no altar e aí te lembrares que teu irmão tem contra ti alguma coisa.

Deixa ali tua oferta diante do altar, vai primeiro reconciliar-te com teu irmão e depois vem apresentar a tua oferta.

Harmoniza-te sem demora com o teu adversário, enquanto estás no caminho com ele; para que não suceda que teu adversário te entregue ao juiz, o juiz ao oficial da justiça e sejas recolhido à prisão.

Em verdade te digo, não sairás dali enquanto não pagares o último centavo".

* * *

Jesus nos ensina que nosso amor ao próximo deve ser tão grande que nem mesmo podemos irar-nos contra quem quer que seja.

O altar de Deus é a nossa consciência e a oferta que lhe fazemos são nossas preces e nossas boas ações.

A oferta que mais agrada a Deus é o amor que dedicamos a suas criaturas.

Se alguém tem alguma queixa contra nós, ou nós contra alguém, antes de oferecermos nossas orações ao Pai é preciso que nós nos desculpemos mutuamente; porque diante de Deus precisamos estar limpos de coração; de outro modo ele não aceitará nossa oferta.

Enquanto estamos encarnados é que é a hora de restabelecermos a harmonia entre nós e nossos inimigos, transformando as inimizades em amor. Porque se não cuidarmos disso antes de desencarnar, quando estivermos no mundo espiritual seremos colhidos pela lei das reencarnações dolorosas e o sofrimento nos fará aprender a lei do perdão.

Por isso Jesus nos aconselha que nós nos harmonizemos sem demora com nosso adversário.

Perguntas

1 – Por que Jesus disse que será julgado quem se enfurecer contra seu próximo?

2 – Quais são as ofertas que fazemos ao Pai?

3 – O que precisamos fazer antes de oferecermos ao Pai a nossa oferta?

4 – Por que Jesus nos aconselha que nós nos harmonizemos com nossos adversários enquanto estamos em caminho com eles?

47ª Lição

A Moral Cristã

Não Sejamos Vingativos e não Guardemos Ódio

"Eu vos digo: Não resistais ao mal, mas a qualquer que vos bater na face direita, voltai-lhe também a outra.

Ao que demandar contigo e tirar-te a túnica, larga-lhe também a capa.

E quem te obrigar a andar mil passos, vai com ele dois mil.

Dá a quem te pede e não voltes as costas ao que deseja que lhe emprestes.

Amai a vossos inimigos e orai pelos que vos perseguem; para que sejais filhos de vosso Pai que está nos céus, porque ele faz nascer o seu sol sobre os maus e sobre os bons e vir a sua chuva para os justos e para os injustos.

Sede vós perfeitos como vosso Pai Celestial é perfeito".

* * *

Ensinando-nos que não resistamos ao mal e se nos baterem na face direita devemos voltar-lhes também a outra, Jesus nos proíbe toda e qualquer ideia de vingança.

É como se ele nos dissesse: "Aos atos de violência, respondam com atos de bondade".

Às palavras grosseiras, respondam com palavras delicadas. Aos que procuram discussões e motivos para brigas, respondam com brandura e sejam pacificadores em vez de contendores.

É bom nunca negarmos nada a quem nos pedir. Lembremo-nos de que se um nosso próximo nos pede alguma coisa é porque com certeza necessita do que nos pediu; do contrário não pediria.

O nosso amor ao próximo deve estender-se até os nossos inimigos e perseguidores; tal é o exemplo que Deus nos dá: ele trata tanto de seus filhos obedientes, como de seus filhos rebeldes.

Por isso devemos tratar bem não só nossos irmãos bons, como nossos irmãos ignorantes.

Perguntas

1 – Do que Jesus nos proíbe quando nos diz que não devemos resistir ao mal?

2 – Como devemos responder aos atos de violência?

3 – Como devemos responder às palavras grosseiras?

4 – Como devemos responder aos que procuram brigas e discussões?

5 – Por que não devemos negar aos que nos pedirem?

6 – Por que nosso amor ao próximo deve estender-se até a nossos inimigos e perseguidores?

48ª Lição

A Moral Cristã

As Boas Obras – a Oração – o Perdão das Ofensas

"Guardai-vos, não façais as vossas boas obras diante dos homens, para serdes visto por eles; de outra sorte não tereis recompensa junto de vosso Pai que está nos céus.

Quando, pois, deres esmola, não faças tocar a trombeta diante de ti, como o fazem os hipócritas nas igrejas e nas ruas, para serem honrados dos homens; em verdade vos digo que já receberam a sua recompensa.

Tu, porém, quando dás esmolas, não saiba tua mão esquerda o que faz a direita.

Para que tua esmola fique em segredo; e teu Pai que vê em segredo te retribuirá.

E quando orardes não sejais como os hipócritas; porque eles gostam de orar nas igrejas e nas ruas para serem vistos pelos homens; em verdade vos digo que já receberam a sua recompensa.

Tu, porém, quando orares, entra em teu quarto e, fechada a porta, ora a teu Pai que está em segredo; e teu Pai que vê em segredo te retribuirá.

E quando orardes não useis de repetições desnecessárias como os hipócritas, que pensam que pelo muito falar serão ouvidos.

Não sejais, pois, como eles; porque vosso Pai sabe o que vos é necessário antes que lho peçais.

Portanto, orai vós deste modo: Pai nosso que estás nos céus, santificado seja o teu nome; venha a nós o teu reino; seja feita tua vontade, assim na terra como nos céus; o pão nosso de cada dia dá-nos hoje; perdoa as nossas ofensas, assim como nós perdoamos os nossos ofensores; não nos deixes cair em tentação e livra-nos do mal. Assim seja,

Porque se perdoardes aos homens as suas ofensas, também vosso Pai Celestial vos perdoará.

Mas se não perdoardes aos homens, tampouco vosso Pai perdoará as vossas ofensas."

Perguntas

1 – Por que não devemos fazer nossas boas obras diante dos homens?
2 – Como devemos fazer nossas boas obras?
3 – Qual é o significado da frase: "Não saiba tua mão esquerda o que faz a direita"?
4 – Quem vê e quem nos recompensará pelos benefícios que fizermos ocultamente?
5 – Como é que não devemos orar?
6 – Como é que devemos orar?
7 – Como devemos pronunciar o nome de Deus?
8 – Qual é o reino que pedimos ao Pai?
9 – Por que a vontade de Deus deve ser feita em todo o universo?
10 – Qual é o pão que pedimos ao Pai?
11 – Por que prometemos ao Pai perdoar nossos ofensores?

49ª Lição

A Moral Cristã
A Verdadeira Riqueza – A Providência Divina

"Não junteis para vós tesouros na terra, onde a traça e a ferrugem os consomem e os ladrões penetram e roubam.

Mas ajuntai para vós tesouros no céu, onde nem a traça nem a ferrugem os consomem e os ladrões não penetram nem roubam.

Ninguém pode servir a dois senhores; pois há de aborrecer a um e amar a outro, ou há de unir-se a um e desprezar o outro. Não podeis servir a Deus e às riquezas.

Por isso vos digo: Não andeis cuidadosos da vossa vida, pelo que haveis de comer ou beber, nem de vosso corpo pelo que haveis de vestir; não é a vida mais que o alimento e o corpo mais que o vestido?

Olhai para as aves do céu, que não semeiam nem ceifam, nem ajuntam em celeiros e vosso Pai Celestial as alimenta; não valeis vós muito mais do que elas?

E qual de vós, por mais ansioso que esteja, pode acrescentar um centímetro à sua estatura?

E por que andais ansiosos pelo que haveis de vestir? Considerai como crescem os lírios dos campos; eles não trabalham nem fiam; contudo vos digo que nenhum rei, em toda sua glória, jamais se vestiu como um deles.

Se Deus, pois, assim veste a erva do campo, que hoje existe e amanhã é lançada ao fogo, não vos vestirá muito mais a vós, homens de pouca fé?

Assim não andeis ansiosos, dizendo: 'Que havemos de comer?'ou: 'Que havemos de beber?' ou: 'Com que nos havemos de vestir?', porque vosso Pai Celestial sabe que precisais de todas essas coisas.

Mas buscai primeiramente o seu reino e a sua justiça e todas essas coisas vos serão acrescentadas.

Não andeis, pois, ansiosos pelo dia de amanhã, porque o dia de amanhã a si mesmo trará o seu cuidado; ao dia basta o seu próprio trabalho.

O tesouro no céu que Jesus nos aconselha juntar são as boas ações, a inteligência, os conhecimentos e as qualidades morais; porque estas coisas pertencem ao espírito e o acompanham ao mundo espiritual.

As riquezas materiais são transitórias; nós as possuímos a título de empréstimo; quando partimos para o mundo espiritual, nós as deixamos aqui e muitas vezes as perdemos antes mesmo de desencarnar.

Recomendando-nos que não ajuntemos tesouros na terra, Jesus não condena as riquezas. Ele sabia que as riquezas são necessárias para o progresso do mundo e concorrem para o adiantamento dos povos.

O que Jesus nos quer dizer é que não devemos dar excessiva importância às riquezas terrenas; elas são apenas instrumentos de trabalho.

Chamando nossa atençao para o modo de viver dos passarinhos e das flores, Jesus nos mostra a Providência Divina tratando de toda sua criação. E nos anima a procurar primeiro as coisas espirituais, porque depois as coisas materiais Deus nos dará por acréscimo."

Perguntas

1 – Qual é o tesouro que Jesus nos aconselha ajuntar?

2 – O que quer Jesus dizer quando nos recomenda que não ajuntemos tesouros na terra?

3 – Por que nos recomenda Jesus que ajuntemos tesouros no céu?

4 – O que Jesus nos mostra quando chama nossa atençao para o modo de viver das plantas e dos passarinhos?

5 – O que devemos procurar em primeiro lugar?

6 – O que o Pai nos dará se vivermos de acordo com sua vontade?

50ª Lição

A Moral Cristã

O Julgamento – Necessidade de cada um se Corrigir – A Lei

"Não julgueis para que não sejais julgados; porque com o juízo com que julgardes, sereis julgados; e a medida de que usardes, dessa usarão convosco.

E porque vês o cisco nos olhos de teus irmãos, porém não reparas o cisco que tens nos teus?

Ou como dirás a teu irmão: 'Deixa-me tirar o cisco de teus olhos', quando tens um cisco também nos teus?

Hipócrita, tira primeiro o cisco dos teus olhos e então verás claramente para tirares o cisco dos olhos de teus irmãos.

Pedi e vos será dado; procurai que achareis; batei e vos será aberta.

Por que todo o que pede, recebe; quem procura, acha; e abre-se a porta a quem bate.

Ou qual de vós dará a seu filho uma pedra, se ele lhe pedir pão? Ou uma cobra, se ele pedir peixe?

Ora, se vós sendo maus, sabeis dar boas dádivas a vossos filhos, quanto mais vosso Pai que está nos céus dará boas coisas aos que lhe pedirem?

Portanto, tudo o que quiserdes que os homens vos façam, fazei-o assim também vós a eles; porque esta é a lei."

* * *

Nós gostamos de reparar nos defeitos alheios mas não reparamos nos nossos próprios defeitos.

Por isso Jesus nos recomenda que primeiro tiremos o cisco de nossos olhos; depois veremos o suficiente para tirar o cisco dos olhos dos outros.

É como se ele nos dissesse: "Corrige-te primeiro; depois corrigirás teu próximo".

Dizendo-nos que quem pede recebe; quem procura acha; abre-se a quem bate é como se Jesus nos dissesse: "Tenham fé em Deus e trabalhem corajosamente; porque trabalhando com entusiasmo e energia vocês receberão o prêmio de seus esforços".

Afirmando que o Pai dará boas coisas aos que pedirem, Jesus nos ensina que Deus é dono de tudo; por isso devemos pedir a Ele o que necessitamos; Ele sabe prover as nossas necessidades.

Perguntas

1 – Por que não devemos julgar?
2 – Como é que seremos julgados?
3 – Qual é o cisco que temos nos olhos?
4 – O que precisamos fazer antes de corrigir os outros?
5 – O que o Mestre nos ensina quando nos diz que quem pede recebe, quem procura acha, e quem bater terá a porta aberta?
6 – Por que devemos pedir ao Pai o que necessitamos?
7 – Qual é a lei que devemos observar, se quisermos receber?

51ª Lição

A Moral Cristã
A Porta Estreita – Pelo Procedimento se Reconhece a Pessoa de Bem

"Entrai pela porta estreita: porque larga é a porta e espaçosa a estrada que conduz à perdição e muitos são os que entram por ela.

Porque estreita é a porta e apertada a estrada que conduz à vida e poucos são os que acertam com ela.

Guardai-vos dos falsos profetas, que vêm a vós com vestes de ovelhas, mas por dentro são lobos vorazes.

Pelos frutos os conhecereis. Colhem-se, porventura, uvas dos espinheiros, ou figos dos abrolhos?

Assim toda árvore boa dá bons frutos; porém, a árvore má dá maus frutos.

Uma árvore boa não pode dar maus frutos; nem uma árvore má pode dar bons frutos. Toda árvore que não dá bons frutos é cortada e lançada ao fogo. Logo, pelos seus frutos os conhecereis.

Nem todo o que diz: 'Senhor, Senhor, entrará no reino dos céus, mas só aquele que faz a vontade de Meu Pai que está nos céus é que entrará em seu reino'.

Naquele dia muitos hão de me dizer: 'Senhor, Senhor, não ensinamos em teu nome e em teu nome não repelimos os malvados e em teu nome não fizemos muitas coisas?'

Então eu lhes responderei claramente: 'Nunca vos conheci; apartai-vos de mim vós que praticais o mal'.

Tendo terminado Jesus este discurso, as turbas admiravam-se de seu ensino; porque ele os ensinava como quem tinha autoridade."

* * *

A porta estreita é o Dever.

Jesus nos aconselha que passemos pela porta estreita, isto é, que cumpramos os nossos deveres para com o Pai, para com nosso próximo e para com nós mesmos; porque é a única maneira de alcançarmos a Vida.

A Vida a que se refere Jesus é a felicidade no mundo espiritual.

Os falsos profetas são aqueles que procuram oculta ou abertamente semear a discórdia, a desunião, o ódio, as intrigas, as guerras entre a humanidade.

Jesus nos avisa contra eles e recomenda-nos que tenhamos muito cuidado.

Assim como nós conhecemos uma árvore pelo seu fruto, nós conhecemos as pessoas pelas suas ações. Uma pessoa boa só pode agir bem e uma boa ação só pode ser feita por uma pessoa de bem. Portanto, quando encontramos alguém pregando ideias em desacordo com a lei da caridade, afastemo-nos dele porque é um falso profeta.

Jesus também nos previne acerca dos hipócritas que se servem do nome de Deus para explorar os homens. Esses são os que andam com o santo nome do Pai e do Mestre na boca, mas com a maldade no coração.

Lembremo-nos sempre de que os verdadeiros discípulos de Jesus nunca agem por interesse; em todas as circunstâncias agem movidos pelo Amor.

Perguntas

1 – Qual é a porta estreita?
2 – Por que são poucos os que acertam com a estrada que conduz à Vida?
3 – Por que Jesus nos aconselha a passar pela porta estreita?
4 – Quem são os falsos profetas?
5 – Como podemos reconhecer um falso profeta?
6 – Quais são os que entrarão no reino dos céus?
7 – Como agem os verdadeiros discípulos de Jesus?

52ª Lição

Jesus Envia seus Discípulos

– Como a luz que rebenta no Oriente
E alumia as nações e os povos todos,
São da Lei os preceitos imutáveis,
São as grandes verdades do Evangelho.
Vai começar vossa missão penosa:
Ide por esse mundo, e ao pobre, ao rico,
Ao senhor e ao escravo, ao forte e ao fraco
Anunciai de Deus, o eterno reino.
O poder dos milagres vos transmito;
Curai o enfermo, esclarecei o indouto,
E tríplice farol que vos inspire
Sejam as mais sublimes das virtudes:
A Esperança, a Fé e a Caridade!
Caminhai sem cuidados, nem receios;
Não leveis sobre vós pelas jornadas
Pão, vitualhas, roupas, mantimento,
Nem valores em prata, ouro, ou dinheiro;
Mas tomai um bordão, calçai sandálias,
Trajai apenas uma pobre túnica.
Na casa hospitaleira onde parardes,
Nas aldeias, nas vilas, ou cidades,
Demorai-vos aí, não busqueis outra,
Até o instante de marchar de novo.

Se entre os homens alguns vos despedirem,
Negando-vos repouso em seus albergues;
Se zombarem de vós, menosprezando
Os sagrados preceitos que ora ensino,
Retirai-vos sem ódio e sem queixumes:
E, quando longe fordes de seus tetos,
Sacudi a poeira das sandálias,
Que vos há de servir de testemunho.
Ide e sede fiéis ao que vos manda.

Fagundes Varela, O *Evangelho nas Selvas*

Agora já compreendemos a vida imortal.

Já sabemos qual é e onde está situado o reino de Deus.

Já sabemos donde viemos, onde estamos e para onde iremos.

Já sabemos o que estamos fazendo na Terra.

Já sabemos quais são os preceitos imutáveis da lei de Deus.

Agora nós somos espíritos esclarecidos.

Chegou a hora de começarmos nossa missão.

Nossa missão é a de esclarecer os nossos irmãos.

Sejamos simples e humildes; quando não nos quiserem escutar, calemo-nos.

Os discípulos de Jesus não vieram ao mundo para discutir.

Os discípulos de Jesus vieram para instruir os de boa vontade que procuram aprender.

Sejamos fiéis ao Mestre; ele vigia atentamente o trabalho de seus discípulos.

Perguntas

1 – O que é vida imortal?
2 – Qual é o reino de Deus?
3 – Onde está situado o reino de Deus?
4 – Donde viemos?
5 – Onde estamos?
6 – Para onde iremos?
7 – O que estamos fazendo na Terra?
8 – Quais são os preceitos imutáveis da lei de Deus?
9 – Quais virtudes devem guiar e inspirar os discípulos de Jesus?
10 – Como devem ser os discípulos de Jesus?

53ª Lição

Nossos Deveres Espirituais

O criador do Universo é Deus. Além de criar o Universo, Deus criou seres inteligentes para povoá-lo.

Nós somos os seres inteligentes que povoam o Universo.

Como seres inteligentes que somos, temos deveres a cumprir.

O primeiro de todos os nossos deveres é o nosso dever para com Deus, nosso criador. Em bem cumprir esse dever consagraremos o melhor de nossos esforços durante a vida inteira.

Em cumprindo nossos deveres para com Deus, nós nos moralizamos, a humanidade se torna virtuosa e as condições de vida na face da Terra, dia a dia proporcionam mais felicidade. Eis por que é necessário que cumpramos nossos deveres para com Deus.

Acontece, porém, que precisamos saber quais são os nossos deveres para que possamos cumpri-los. Vejamos em que consistem:

Nosso primeiro dever para com Deus é amá-lo sobre todas as coisas. Do nosso amor a Deus decorrem todos os outros deveres.

Mas como amaremos a Deus se não o vemos, embora saibamos que vivemos em sua presença e dele flui a vida que temos?

Amaremos a Deus na pessoa do nosso próximo.

Os nossos deveres para com Deus consistem em amar o nosso próximo como a nós mesmos.

Perguntas

1 – Quem é o criador do Universo?
2 – Quem povoa o Universo?
3 – Quais são os seres inteligentes que povoam o Universo?
4 – Qual o primeiro dever que temos de cumprir?
5 – Por que é necessário que cumpramos nossos deveres para com Deus?
6 – Em que consiste nosso dever para com Deus?
7 – Como amaremos a Deus?
8 – Como devemos amar nosso próximo?

54ª Lição

O Próximo; Quem É nosso Próximo

Quando dizemos nosso próximo, não queremos dizer somente as pessoas que vivem conosco, que pertencem à nossa família, à mesma raça que a nossa, que partilham de nossas ideias ou que falam a mesma língua que nós. Nosso próximo é muito mais do que isso.

Não só os nossos parentes, os nossos amigos e conhecidos, mas também os desconhecidos, e até mesmo os inimigos, são o nosso próximo.

As pessoas que pertencem a raças diferentes são o nosso próximo.

Aqueles que se afastaram da virtude, demorando-se nos caminhos do mal, dos vícios e dos crimes, do mesmo modo são o nosso próximo.

O ignorante e o sábio; o rico e o pobre; o são e o doente, todos constituem o nosso próximo.

O nosso próximo é a humanidade; e cada indivíduo que a compõe é nosso irmão, em cuja pessoa cumpriremos os nossos deveres para com Deus.

Perguntas

1 – Quem é o nosso próximo?

2 – Na pessoa de quem cumpriremos nossos deveres para com Deus?

3 – Todas as raças são irmãs?

4 – Por que todas as raças que habitam a Terra são irmãs?

55ª Lição

Dar de Comer a Quem Tem Fome

A porcentagem de irmãos nossos que não possuem riquezas é muito maior do que a dos que as possuem. E o número dos que vivem beirando a miséria também é muito grande.

Daí concluímos que temos o dever de socorrer o nosso próximo em condições de fortuna menos felizes do que a nossa.

E por que temos esse dever?

Porque Deus ajuda o homem pelo homem. Deus suscita, dentre seus filhos, alguns com poderes para levar o auxílio a seus irmãos menos favorecidos. E todas as vezes em que um irmão que pode mais deixa de ajudar um que pode menos, falta com seu dever para com Deus.

Cumprir para com Deus o dever de dar de comer a quem tem fome é, por conseguinte, prestar auxílio material aos que não possuem riquezas.

Esse dever pode ser cumprido de duas maneiras: pela esmola e pelo fomento ao trabalho.

Há irmãos nossos que não podem trabalhar: uns por enfermidades ou defeitos incuráveis, outros por terem chegado à velhice desprovidos de recursos. É natural que cada um de nós forneça uma pequenina parcela para que estes irmãos desamparados tenham assegurada sua subsistência; nisso consiste o donativo fraterno ou esmola.

Sempre que possível, a esmola deve ser transformada em trabalho; porque a esmola mitiga a necessidade do momento, ao passo que o trabalho proporciona fartura e bem-estar permanentes.

Os ricos são os mordomos dos bens de Deus. E como mordomos fiéis que devem ser, cumprirão o dever de dar de comer a quem tem fome, fazendo com que sua riqueza seja fonte de trabalho honesto para todos os seus irmãos, de onde tirem o pão de cada dia.

Perguntas

1 – De onde concluímos que temos o dever de socorrer o nosso próximo?

2 – Como Deus ajuda o homem?

3 – Com que dever falta uma pessoa que, podendo, deixa de ajudar a outra?

4 – Como cumpriremos o nosso dever de dar de comer a quem tem fome?

5 – Como pode ser cumprido esse dever?

6 – O que é o donativo fraterno?

7 – Sempre que possível, em que deve ser transformado o donativo fraterno?

8 – O que são os ricos?

9 – O que os ricos devem fazer de sua riqueza?

56ª Lição

Dar de Beber a Quem Tem Sede

Assim como dar de comer a quem tem fome significa o dever que temos para com Deus de prestarmos o auxílio material a nossos irmãos, dar de beber a quem tem sede significa o dever que temos para com Deus de prestar a nossos irmãos o auxílio moral, intelectual e espiritual.

O corpo reclama as coisas materiais. A alma anseia por satisfazer sua sede de saber. A alma necessita crescer, aproximar-se de Deus, tornar-se luminosa. E isso ela só o consegue moralizando-se, intelectualizando-se, espiritualizando-se.

Cumprindo nosso dever para com Deus de dar de beber a quem tem sede, devemos ensinar quem sabe menos do que nós, lutar com todas as nossas forças contra a ignorância em que jaz um incontável número de pessoas.

O auxílio moral que podemos prestar ao nosso próximo é guiá-lo pelo caminho do dever; ensiná-lo a corrigir seus erros; ampará-lo em suas fraquezas; reanimá-lo em seus desânimos; estender-lhe mão fraterna para levantá-lo quando cair moralmente.

O auxílio intelectual consiste em ensinar nosso próximo a desenvolver, a cultivar sua inteligência; pô-lo em contato com os bons livros, com o estudo, com as doutrinas sãs, despertando em sua alma o gosto pelas coisas sérias e elevadas da vida.

A espiritualização de nosso próximo é a parte que mais carinho nos deve merecer; ensiná-lo a ser bom, virtuoso, fraterno, temente a Deus. Nisso se resume o auxílio espiritual que lhe podemos prestar.

Dar de beber a quem tem sede é, portanto, o dever que temos para com Deus de saciar a sede de saber daqueles que sabem menos do que nós.

Perguntas

1 – O que significa dar de beber a quem tem sede?
2 – Pelo que a alma anseia?
3 – Como a alma consegue se aproximar de Deus?
4 – Como cumpriremos nosso dever de dar de beber a quem tem sede?
5 – Qual o auxílio moral que podemos prestar ao nosso próximo?
6 – Em que consiste o auxílio intelectual?
7 – De que maneira espiritualizaremos o nosso próximo?

57ª Lição

Acolher os Hóspedes

Vejamos como cumprir para com Deus o nosso dever de acolher os hóspedes.

Nosso lar não deve ser fechado pela porta escura do egoísmo, onde tenham acesso apenas os nossos familiares; mas deve ter suas portas abertas de par em par para todos aqueles que nelas baterem.

O irmão desamparado que procura acolher-se em nossa casa, até que lhe voltem as forças para prosseguir o seu caminho, deve ser tratado como o hóspede bem-amado, enviado por Deus.

O dever de acolher os hóspedes é o grande, o sublime dever da hospitalidade. E o cumprimento desse dever é tanto mais meritório quanto mais infortunado for o irmão a quem concedermos abrigo sob nosso teto.

Conquanto todo o desamparado que se nos apresentar necessite de nosso auxílio fraterno, há duas classes de hóspedes para com os quais é imprescindível que cumpramos nosso dever: a infância desamparada e os velhinhos sem arrimo.

A criança órfã é merecedora de que a acolhamos carinhosamente, dando-lhe o lar que lhe falta, onde possa preparar-se para a vida.

Os idosos sem arrimo precisam de um pouco de conforto para que não lhes seja penoso o fim da vida.

Promover, pois, a bênção de um lar para os desamparados de toda sorte é cumprirmos um de nossos sublimes deveres para com Deus.

Perguntas

1 – Como devem ser as portas de nosso lar?
2 – Como deve ser tratado o irmão desamparado que bater à nossa porta?
3 – Em que consiste o dever da hospitalidade?
4 – Quando se torna mais meritório o cumprimento do dever da hospitalidade?
5 – Quais as duas classes de hóspedes que mais necessitam que cumpramos para com elas o nosso dever?
6 – Por que devemos amparar os órfãos?
7 – Por que devemos amparar os idosos sem arrimo?
8 – O que devemos dar à criança órfã?
9 – O que devemos dar aos idosos sem arrimo?

58ª Lição

Vestir os Nus

Há irmãos nossos despidos de todas as virtudes; praticam o mal, entregam-se aos vícios e não demonstram sentimentos benévolos para com ninguém. Pelo contrário, comprazem-se em arruinar o corpo com os vícios e enegrecer a consciência com o crime.

Esses irmãos infelizes não podem ser desprezados por nós; são almas nuas que precisamos vestir.

Cumprindo, por conseguinte, nosso dever para com Deus de vestir os nus, procuraremos por todos os meios levar nosso auxílio moral aos que se afastaram do caminho do bem.

É nosso dever estender-lhes nossa mão amiga e fraterna a fim de que se reabilitem, vestindo suas almas com a virtude.

Oportunidades de cumprir esse dever não nos faltam. Um bom conselho, um bom exemplo, uma palavra carinhosa dita em tempo oportuno, tudo são maneiras de vestirmos os nus de virtudes, cumprindo, desse modo, nosso dever para com Deus.

Perguntas

1 – Por que não podemos desprezar o irmão infeliz despido de virtudes?
2 – Como cumpriremos para com Deus o dever de vestir os nus?
3 – Como poderemos reabilitar o irmão degenerado?
4 – Quais são as maneiras de vestir nossos irmãos degenerados?

59ª Lição

Visitar os Enfermos

É nosso dever visitar os enfermos. Não somente visitá-los, mas cercá-los de carinho e de conforto, para que possam suportar com resignação e coragem a áspera tribulação pela qual passam.

Cumprindo nosso dever para com Deus de visitar os enfermos, procuraremos, pelos meios ao nosso alcance, promover o socorro a eles. E não nos esqueçamos jamais do doente pobrezinho, sem recursos, o qual também necessita de nosso amparo material, além de nossas demonstrações fraternas.

A saúde é um dom precioso. É dever dos sãos concorrer para que recuperem a saúde os que a perderam.

Os momentos em que passamos à cabeceira do enfermo em conversa amiga, fortalecem-no moralmente. E esse fortalecimento se transforma em resignação, calma, coragem e paciência.

Há os doentes incuráveis, os quais precisam de nosso amparo durante a vida inteira. É nosso dever não deixar que lhes faltem os recursos materiais nem os morais.

Enfim, as visitas aos doentes são uma demonstração de fraternidade para com os que sofrem.

Perguntas

1 – Por que temos o dever de visitar os enfermos?
2 – Como cumpriremos o dever de visitar os enfermos?
3 – Qual é o dever dos sãos?
4 – Para que servem os momentos em que passamos à cabeceira de um enfermo?
5 – Qual é o fortalecimento moral que levamos a um enfermo?
6 – Quais são os recursos que não devemos deixar faltar aos doentes?
7 – O que demonstram as nossas visitas aos enfermos?

60ª Lição

Visitar os Encarcerados

Visitar os encarcerados é outro dever que temos para com Deus. Os encarcerados são irmãos que, movidos por paixões inferiores, erraram dolorosamente; são doentes da alma. É preciso fazê-los recuperar a saúde moral. Se os deixarmos no esquecimento, faltar-lhes-á o estímulo para se reabilitarem. Nossa visita fraterna predispõe-lhes o ânimo para o bem e desperta neles o desejo de se regenerarem.

A palavra amiga, o conforto moral que lhes levamos com a nossa visita, estimula-os a que procedam melhor para o futuro. E nossa visita é um bálsamo salutar, um oásis para suas consciências atribuladas.

Cumprindo o nosso dever de visitar os encarcerados, devemos ter sempre em vista combater a ignorância que prevalece no mundo.

Já se disse e continuamente se repete que a ignorância é a geradora dos vícios e dos crimes.

Os vícios acometem o corpo e contribuem com enorme porcentagem para encher os hospitais e os manicômios.

Os crimes acometem a alma e enchem os cárceres.

Quando cumprimos, pois, nosso dever de combater a ignorância, contribuímos com nossa parcela de esforços para esvaziar os cárceres e diminuir bastante o número dos enfermos que demandam os hospitais.

Perguntas

1 – Que espécie de doentes são os encarcerados?
2 – Que saúde precisam recuperar os encarcerados?
3 – Por que não devemos deixar no esquecimento os encarcerados?
4 – Qual o benefício que nossa visita proporciona aos encarcerados?
5 – O que devemos combater?
6 – A ignorância é gerada do quê?
7 – O que fazem os vícios?
8 – O que fazem os crimes?
9 – Por que devemos combater a ignorância?

61ª Lição

Adorar a Deus em Espírito e Verdade

É nosso dever adorar a Deus em espírito e verdade.

Adorá-lo em espírito, porque Deus não pode ser representado por estátuas ou por ídolos de qualquer espécie. Não é pelo fato de nós nos ajoelharmos diante de um ídolo ou de uma estátua que cumprimos o nosso dever de adorar a Deus. Isto se chama idolatria ou culto aos ídolos e não culto a Deus.

E adorar a Deus em verdade é cumprirmos todos os nossos deveres para com ele.

É do fundo de nosso coração que deve partir nossa adoração a Deus. Nosso pensamento puro, nossas palavras amigas, nossos atos bondosos, isso é que demonstra a nossa adoração a Deus em espírito.

Adora-se a Deus pelos atos, pelo perdão, pelo amor que se dedica aos semelhantes, e principalmente obedecendo-se à máxima evangélica: "Não fazer aos outros o que não se quer para si".

Não podemos adorar a Deus pelos lábios somente... De que nos adiantará trazermos constantemente o nome de Deus nos lábios se nossos atos não forem honestos? Assim procedendo, cairemos na hipocrisia, e não estaremos adorando a Deus em verdade.

Perguntas

1 – Como devemos adorar a Deus?

2 – Como adoramos a Deus em espírito?

3 – Como adoramos a Deus em verdade?

4 – De onde deve partir a nossa adoração a Deus?

5 – O que demonstra a nossa adoração a Deus em espírito?

62ª Lição

Devotamento ao Próximo

O devotamento ao próximo é um perpétuo cumprimento de nossos deveres para com Deus.

Para nós nos devotarmos ao próximo, devemos combater o egoísmo.

O egoísmo consiste em cuidar exclusivamente de nós, completamente esquecidos dos outros, e mesmo à custa deles.

O indivíduo egoísta não se importa em semear ruínas, dores e aflições em seu caminho, contanto que seus interesses e desejos sejam satisfeitos.

Enquanto formos egoístas, cumpriremos muito imperfeitamente nossos deveres para com Deus.

Devemos ser altruístas.

O altruísmo consiste em cuidarmos com atenção e carinho de nossos interesses de modo tal que nunca venhamos a causar o mais leve dissabor a quem quer que seja.

O indivíduo altruísta procura por todos os meios promover a felicidade dos outros, mesmo que para isso tenha de sacrificar-se.

Quando todos nós formos altruístas, haverá grande felicidade, muita paz e muita tranquilidade na Terra, porque nós nos devotaremos ao nosso próximo, e assim cumpriremos perfeitamente nossos deveres para com Deus.

Perguntas

1 – O que é o devotamento ao próximo?
2 – O que devemos combater para que possamos devotar-nos ao nosso próximo?
3 – Em que consiste o egoísmo?
4 – Como age o indivíduo egoísta?
5 – O que devemos ser?
6 – Em que consiste o altruísmo?
7 – Como age o indivíduo altruísta?
8 – Quando é que cumpriremos perfeitamente nossos deveres para com Deus?
9 – Quando todos formos altruístas, o que haverá na Terra?

63ª Lição

A Pátria

A pátria é a terra em que nascemos. Ao nascer já encontramos nossa pátria organizada com suas leis e instituições, oferecendo-nos seguro amparo para a vida.

A divisão do planeta em pátrias se processou pela necessidade de cada povo trabalhar em determinado setor de atividades humanas, promovendo e facilitando desse modo o progresso geral da humanidade e do planeta.

Para com a pátria, temos sagrados deveres a cumprir.

Do cumprimento de nossos deveres para com a pátria origina-se a sua grandeza.

Há uma promessa que todos devemos fazer à nossa pátria e cumpri-la; é a seguinte:

"Prometo, por toda a vida, amar e honrar a minha querida pátria e lutar pelo seu engrandecimento com lealdade e perseverança."

Amar a pátria, eis o primeiro dever. E demonstramos nosso amor pela pátria trabalhando pelo seu progresso.

Honrar a pátria, eis o segundo dever. E honramos nossa pátria sendo cidadãos dignos, honestos, honrados e trabalhadores.

Nossa pátria deve ser acolhedora e fraterna para com os filhos de todas as outras pátrias.

Todas as pátrias são irmãs e cada uma delas abriga uma fração da grande família humana à qual todos nós pertencemos.

Perguntas

1 – O que é a pátria?

2 – Onde encontramos seguro amparo para a vida?

3 – De onde se origina a grandeza da pátria?

4 – Qual a promessa que devemos fazer à nossa pátria e cumpri-la?

5 – Como demonstraremos nosso amor para com a nossa pátria?

6 – Como honraremos a nossa pátria?

7 – Como deve ser a nossa pátria em relação aos filhos de outras pátrias?

8 – Por que todas as pátrias são irmãs?

9 – Por que o planeta está dividido em pátrias?

64ª Lição

O Cidadão

Nós somos os cidadãos de nossa pátria.

E para que honremos nossa pátria, devemos ser cidadãos de energia e de caráter.

A energia de um cidadão revela-se pela extrema dedicação ao trabalho, pelo seu constante desejo de progresso, pela perseverança em seus empreendimentos, pela tenacidade que não o deixa desencorajar nunca, por mais adversas que sejam as circunstâncias.

O caráter de um cidadão é demonstrado pelo seu amor ao bem, por seus atos honestos e por sua vida pura.

O cidadão de caráter jamais pratica um ato do qual possa vir a envergonhar-se; por isso está sempre com sua consciência tranquila.

A energia e o caráter dos cidadãos fazem nascer a confiança nos altos destinos da pátria a que pertencem.

A energia é um poder que o cidadão desenvolve dentro de si, e o aplica em seu próprio benefício e no da pátria.

O caráter é o conjunto das boas qualidades de um cidadão, qualidades essas que ele aplica no rigoroso cumprimento de seus deveres.

O cidadão enérgico é calmo e ponderado; nada faz sem pensar e sem medir as consequências; daí lhe advém a humildade na vitória ou a resignação na derrota.

O cidadão de caráter tem sua vida pautada por rigorosa moralidade, jamais quebrando sua boa conduta.

É um dever para com a nossa pátria sermos cidadãos enérgicos e de caráter.

Perguntas

1 – O que somos nós na nossa pátria?
2 – Para honrar nossa pátria, que espécie de cidadãos devemos ser?
3 – O que revela a energia de um cidadão?
4 – O que demonstra o caráter de um cidadão?
5 – De onde se origina a confiança nos destinos da pátria?
6 – O que é a energia de um cidadão?
7 – O que é o caráter de um cidadão?
8 – Como é o cidadão enérgico?
9 – Como é o cidadão de caráter?

65ª Lição

O Governo

O governo é um conjunto de pessoas às quais é confiada a administração da pátria. Esse conjunto é composto desde o mais humilde empregado público até o supremo magistrado, que é o Presidente da República.

Assim, numa pátria há os governantes, isto é, os que a dirigem e administram. E os governados, que são os cidadãos.

É dever do governo zelar pelos bens da pátria, pelo seu desenvolvimento, pelas suas boas relações com as outras pátrias e pela felicidade dos cidadãos.

Cumprindo o dever de zelar pelos bens da pátria, os homens do governo devem administrá-los honestamente; porque os bens da pátria pertencem à coletividade dos cidadãos.

É dever dos homens do governo zelar pelo desenvolvimento da pátria, fazendo com que haja progresso material, moral, intelectual e espiritual em todos os seus setores.

Outro dever importante dos homens do governo é cuidar das boas relações entre a nossa pátria e as outras. Resolverem pacificamente todas as questões que surgirem, para que a paz e a fraternidade reinem soberanas na face da Terra.

E, finalmente, é dever dos homens do governo promover a felicidade dos cidadãos zelando para que nada lhes falte.

Graves responsabilidades pesam nos ombros dos que governam. Desde o mais pequenino servidor público ao supremo magistrado, seus deveres são todos para com a coletividade.

E se todos cumprirem seus deveres, desempenhando-os com amor, carinho e honestidade, a pátria se engrandecerá e os cidadãos serão felizes.

Os governantes devem ser devotados até o sacrifício aos interesses da pátria e, consequentemente, aos cidadãos.

Os cidadãos devem respeito e obediência ao governo.

O respeito traz dignidade aos governantes e aos governados; a obediência traz a ordem.

Perguntas

1 – O que é o governo?
2 – Quem compõe o governo?
3 – Qual é o dever do governo?
4 – Como devem administrar os homens do governo?
5 – A quem pertencem os bens da pátria?
6 – Como devem ser resolvidas as questões que surgirem entre as pátrias?
7 – Os governantes devem ser devotados a quê?
8 – A quem os cidadãos devem respeito e obediência?

66ª Lição

O Voto

O voto é o meio pelo qual o cidadão, elegendo os homens para os cargos governamentais, participa do governo de sua pátria.

Como cidadãos que somos, temos de cumprir o dever de votar.

Devemos votar sempre nos cidadãos cujo caráter seja uma garantia de que bem desempenharão os deveres dos cargos para os quais forem eleitos. Para isso, o nosso voto deve ser consciente. Não devemos deixar que uma falsa propaganda nos domine, mas devemos analisar as qualidades de cada candidato; verificar se ele reúne em si probabilidades de cumprir o que promete; estudar o seu programa para ver se é justo e de possível realização.

Por sua vez, o cidadão que se apresenta como candidato deve lembrar-se de que é seu dever não fazer promessas enganosas ou difíceis de cumprir. É preferível e mais honesto prometer pouco e realizá-lo do que prometer muito e não realizar nada. Deve lembrar-se de que vai trabalhar para a pátria e para a coletividade dos cidadãos e, por isso, deve revestir-se do máximo devotamento ao bem público e de abnegação até o sacrifício no cumprimento de seus deveres.

Perguntas

1 – O que é o voto?

2 – Como cidadãos que somos, qual o dever que temos de cumprir?

3 – Em quais cidadãos devemos votar?

4 – Como deve ser o nosso voto?

5 – Como devemos analisar o cidadão que se apresenta como candidato?

6 – Do que deve lembrar-se o cidadão que se apresenta como candidato?

67ª Lição

As Leis

Uma pátria é regida por leis.

As leis são os regulamentos emanados do poder legislativo, mediante os quais os cidadãos pautam sua conduta.

Para que haja ordem, progresso e tranquilidade numa pátria é preciso que todos os seus filhos acatem as leis. Por conseguinte, devemos cumprir nosso dever de obedecer às leis de nossa pátria.

Diante da lei, todos os cidadãos são iguais; isto é, nenhum cidadão deve aproveitar-se de vantagens, títulos, fortuna ou quaisquer privilégios para burlar as leis, mas sim submeter-se humildemente a elas.

Os cidadãos encarregados de elaborar as leis compõem o poder legislativo; eles devem zelar para que elas correspondam às necessidades reais da pátria. E os encarregados de aplicá-las devem zelar para que o sejam com justiça.

O cidadão dignifica-se pela observância das leis de sua pátria. E, à custa de qualquer sacrifício, devemos submeter-nos às leis, porque são a garantia de nossa liberdade e da justiça para com todos.

Perguntas

1 – O que rege a pátria?

2 – O que são as leis?

3 – Por que os cidadãos devem acatar as leis?

4 – A lei faz distinção de pessoas?

5 – O que é o poder legislativo?
6 – A que devem corresponder as leis?
7 – Pelo que devem zelar os encarregados de aplicar as leis?
8 – O que dignifica um cidadão?
9 – O que nos garantem as leis?

68ª Lição

Os Impostos

Para que o governo possa desempenhar suas funções, cada cidadão contribui com uma quantia.

Essa contribuição chama-se imposto, e é arrecadada pelo governo por vários modos, atingindo todos os cidadãos.

O imposto se destina essencialmente a promover o bem-estar dos cidadãos de uma pátria. Com o imposto, o governo paga todas as obras públicas que beneficiam os cidadãos, mantendo não só o aparelhamento administrativo, como também desenvolvendo o progresso da pátria.

Devemos cumprir para com a pátria o nosso dever de pagar os impostos.

É dever do governo aplicar muito bem os impostos arrecadados. Os homens do governo devem lembrar-se de que o imposto é um depósito que os cidadãos lhes fazem, o qual deve reverter em reais benefícios para a coletividade. Devem ser econômicos para não fazer gastos exagerados; zelosos para bem aplicar o dinheiro da pátria; estudiosos dos problemas sociais para acudir às necessidades de todos os cidadãos; progressistas e de larga visão administrativa para que o desenvolvimento da pátria se processe em todos os setores.

Perguntas

1 – O que é o imposto?

2 – A que se destinam os impostos?

3 – Como o governo deve aplicar os impostos?

4 – Do que devem lembrar-se os homens do governo?

5 – Como devem ser os homens do governo para bem aplicar os impostos?

69ª Lição

A Liberdade do Cidadão

Os cidadãos de uma pátria são livres.

O cidadão tem liberdade de pensamento, liberdade de expressão, liberdade de crenças e liberdade de associação.

Devemos cumprir para com a nossa pátria o dever de respeitar a liberdade de todos.

É nosso dever respeitar o pensamento dos outros, embora pensem de modo contrário ao nosso. Nem todos podem pensar como nós; e da diversidade de pensamentos origina-se o progresso.

Através de jornais, de revistas, de livros, do rádio, enfim, da palavra falada ou escrita, cada cidadão exprime o seu pensamento. É nosso dever respeitar a expressão do pensamento de quem quer que seja.

Há na face da Terra numerosas crenças, todas elas se esforçando por melhorar o lado moral de seus adeptos. É nosso dever respeitá-las.

Os cidadãos se reúnem para a consecução de um determinado fim. O que um não pode fazer sozinho, muitos reunidos o fazem facilmente, quer no terreno moral, quer no terreno material. Assim devemos cumprir para com a nossa pátria o dever de respeitar a liberdade de associação dos cidadãos.

O governo tem o dever de zelar para que todos os cidadãos cumpram o sagrado dever de respeitar a liberdade.

Perguntas

1 – Quais as liberdades que tem um cidadão?
2 – Por que devemos respeitar o pensamento dos outros?
3 – Por que devemos respeitar a liberdade de expressão dos outros?
4 – Por que devemos respeitar todas as crenças?
5 – Para que se reúnem os cidadãos?
6 – Em relação à liberdade, qual o dever do governo?

70ª Lição

O Respeito à Propriedade

A propriedade é tudo aquilo que o cidadão possui.

Desde o mais humilde cidadão de uma pátria ao mais elevado, todos são proprietários de alguma coisa. Alguns possuem muito; outros, pouco; outros, quase nada; mas todos possuem, isto é, são proprietários.

Cumprindo o nosso dever para com a pátria, respeitaremos a propriedade de quem quer que seja e seja ela qual for.

É nosso dever granjear nossos haveres por meio de um trabalho honesto e digno.

Sempre que conseguimos qualquer coisa, por mais insignificante que seja, por meios indignos de um cidadão de caráter, estamos faltando com o nosso dever de respeitar a propriedade alheia.

Do respeito à propriedade nascem a confiança recíproca, a boa vontade, a amizade entre os cidadãos.

Para que reine a confiança entre os cidadãos de uma pátria é imprescindível que todos cumpram o dever de respeitar a propriedade uns dos outros.

Perguntas

1 – O que é a propriedade?
2 – Todos somos proprietários?
3 – Por que temos o dever de respeitar a propriedade?
4 – Como devemos ganhar nossos haveres?
5 – O que se origina do respeito à propriedade?
6 – O que se faz necessário para que reine a confiança entre os cidadãos?

71ª Lição

A Sociedade

Ao conjunto dos cidadãos de uma pátria dá-se o nome de sociedade.

O estado normal dos homens é viver em sociedade.

Para com a sociedade temos deveres a cumprir.

É nosso dever ser sociáveis, isto é, não viver segregados, alheios ao que se passa com relação à nossa pátria. Dentro do possível, devemos tomar parte em todos os empreendimentos úteis e nobres que visem o bem dos cidadãos e o desenvolvimento da pátria.

É nosso dever cooperar com todas as nossas forças para que a sociedade se aperfeiçoe. Pelo estudo, pelo trabalho, pela dedicação à pátria, pela aplicação sábia de nossos recursos, a sociedade se aperfeiçoa e a pátria se engrandece.

Devemos ser cidadãos disciplinados.

A disciplina é a nossa subordinação às leis que regem a sociedade.

A disciplina mantém os cidadãos unidos, fortalecendo, assim, a sociedade.

Perguntas

1 – O que é a sociedade?
2 – Qual o estado normal dos homens?
3 – Quais os nossos deveres para com a sociedade?
4 – Qual a cooperação que podemos dar para que a sociedade se aperfeiçoe?
5 – Que espécie de cidadãos devemos ser?
6 – O que é a disciplina?
7 – O que faz a disciplina?

72ª Lição

A Solidariedade

A solidariedade é a responsabilidade recíproca que têm os cidadãos nos interesses da pátria. Para que a sociedade se mantenha coesa, é necessário que haja solidariedade entre os cidadãos.

A solidariedade é a força da pátria e uma garantia do progresso.

É nosso dever ser solidários uns com os outros.

Cumprindo o nosso dever de solidariedade, prestaremos o nosso auxílio a todos os cidadãos sempre que for necessário.

É, principalmente, na adversidade que se deve manifestar com mais força a solidariedade entre os cidadãos. Quando a pátria ou uma das regiões da pátria for ferida pela desgraça, então todos os cidadãos, unidos, correrão em socorro dos que foram atingidos pela calamidade.

A Terra é dividida em pátrias. Cada pátria possui seus cidadãos, seu governo, suas leis e costumes próprios. Contudo, os cidadãos de todas as pátrias do mundo pertencem a um só organismo, que é a humanidade. Por conseguinte, todos os cidadãos do mundo, pertençam a que pátria pertencerem, são irmãos.

As pátrias, conquanto possuam fronteiras, formam um bloco só, que é o planeta Terra. Portanto, todas as pátrias são irmãs. Além do sentimento de solidariedade que deve reinar entre todas as pátrias, há um outro sentimento que deve reinar no coração de todos os cidadãos de todas as pátrias do mundo: o sentimento de fraternidade.

Eis o grande, o belo ideal a que todos os corações bem formados do mundo devem dedicar o melhor de seus esforços: desenvolver a fraternidade universal. Lutar para que desapareçam todas as causas de separatismo entre os homens; lutar para que todos nós nos sintamos irmãos; lutar para que a qualquer pátria a que formos lá encontremos irmãos que nos amem, que nos estimem, que nos estendam mão amiga, em nome de Deus, pai comum de toda a humanidade.

Perguntas

1 – O que é a solidariedade?
2 – O que faz com que a sociedade se mantenha coesa?
3 – A solidariedade é a força que garante o quê?
4 – Como cumpriremos o nosso dever de solidariedade?
5 – Quando é que deve manifestar-se com mais força o dever de solidariedade?
6 – A que organismo pertencem todos os cidadãos das pátrias do mundo?
7 – Por que todas as pátrias são irmãs?
8 – Qual o grande e belo ideal a que todos os cidadãos do mundo devem se dedicar?

73ª Lição

A Família

Nós todos fazemos parte de uma família.

A família é uma sociedade entre pai, mãe e filhos para realizarem o ideal comum da educação.

As bases da família assentam-se no sentimento mais profundo que há na natureza humana, que é o Amor.

O primeiro de todos os nossos deveres para com a família é o nosso dever de amá-la.

O sentimento de solidariedade deve reinar soberano entre os membros de uma família. Solidariedade na prosperidade e na adversidade.

É dever dos membros de uma família auxiliarem-se mutuamente.

A família é uma instituição santa. Altos desígnios de Deus presidem à formação de uma família.

Outro grande dever que devemos cumprir para com a família é o de respeitá-la profundamente.

É no seio da família que nascem todas as formas da simpatia e do amor.

É dever de todos os membros de uma família amarem-se muito uns aos outros.

Perguntas

1 – Do que nós todos fazemos parte?
2 – O que é a família?
3 – Em que se assentam as bases da família?
4 – Qual o nosso primeiro dever para com a família?
5 – Qual sentimento que deve reinar entre os membros de uma família?
6 – O que nasce no seio da família?

74ª Lição

O Lar

O lar é a casa onde moramos com o conjunto das coisas necessárias à vida da família.

Para que um lar seja verdadeiramente um lar, os membros da família precisam encontrar dentro dele o conforto moral, o carinho, a amizade e a boa vontade entre todos.

O lar é o lugar bendito onde recuperamos nossas forças para a luta de cada dia.

Para com o lar temos deveres a cumprir.

É nosso dever tornar o nosso lar próspero, tranquilo e hospitaleiro.

Cumprindo nosso dever de tornar o nosso lar próspero, trabalharemos infatigavelmente para que nada lhe falte. É dever de todos os membros da família concorrer para a prosperidade do lar, cada um na medida de suas forças.

Manter a tranquilidade do lar é outro grande dever que temos de cumprir. Não devemos permitir que lutas, paixões, querelas, nervosismos, discussões, cruzem as portas de nosso lar.

É em nosso lar que cumprimos o dever da hospitalidade. Nosso lar deve ser acolhedor; que suave fraternidade transborde de suas portas, amparando a todos os que nela baterem.

Perguntas

1 – O que é o lar?
2 – O que é preciso para que um lar seja verdadeiramente um lar?
3 – Em que lugar recuperamos as forças para o trabalho?
4 – Quais os nossos deveres para com o lar?
5 – Como tornaremos o nosso lar próspero?
6 – Como manteremos a tranquilidade do lar?
7 – Como cumpriremos o dever da hospitalidade?

75ª Lição

O Casamento

A família nasce da união de duas pessoas de sexos diferentes, as quais são chamadas cônjuges, isto é, marido e mulher. Unem-se pelo casamento para a vida toda, que passam a viver juntos; em seguida, vêm os filhos.

O casamento é um vínculo indissolúvel. Assim sendo, o primeiro dever de cada um dos cônjuges, antes de se casarem, é pensar muito bem na grande responsabilidade que o casamento lhes acarreta.

O casamento não é um fardo que se atira à beira da estrada à hora em que se quer, mas um compromisso sagrado, que devemos manter até o fim, mesmo à custa de árduos sacrifícios.

É dever daqueles que desejam fundar o seu lar analisar muito bem os seus sentimentos para se certificarem se de fato vão unir-se por um amor sincero. Porque um lar deve ser fundado unicamente nas bases do Amor. Qualquer outro sentimento que não seja o do Amor mútuo não trará felicidade ao lar.

A felicidade de metade do gênero humano está nas mãos da outra metade; isto é, a felicidade do homem está nas mãos da mulher e a felicidade da mulher está nas mãos do homem. Pelo casamento, unem-se os dois para realizar a felicidade comum.

Perguntas

1 – Do que nasce a família?
2 – O que é o casamento?
3 – Qual é o primeiro dever de cada um dos cônjuges?
4 – Que compromisso é o casamento?
5 – Qual o dever daqueles que desejam fundar um lar?
6 – Qual o sentimento que trará felicidade aos cônjuges?
7 – Por que a felicidade do homem está nas mãos da mulher e a da mulher nas mãos do homem?

76ª Lição

Deveres dos Cônjuges*

Os cônjuges têm deveres recíprocos a cumprir.

O primeiro de todos os deveres dos cônjuges é viverem para o lar com todo o coração e com toda a alma.

A direção do lar deve caber ao cônjuge com maior nível de consciência, não importa que seja o marido ou a mulher. Contudo, as decisões devem ser tomadas de comum acordo. Os problemas do lar devem ser resolvidos com a colaboração dos dois cônjuges; a opinião mais sensata é a que deve prevalecer, seja ela a do marido ou seja a da mulher.

Os arranjos do lar cabem à mulher. Ao homem toca o trabalho produtivo, que carreia para o lar os recursos para a subsistência.

Num lar não deve reinar a avareza, nem predominar o esbanjamento; mas a previdência sem exageros deve presidir a economia doméstica.

Uma afeição mútua e sincera deve ligar os cônjuges. O amor do noivado deve ser paulatinamente substituído pelo amor conjugal, que nada mais é do que uma doce e terna amizade. O amor conjugal alimenta-se de concessoes mútuas, de tolerância e de fraternidade.

O homem deve lembrar-se de que sua esposa é a sua melhor e mais sincera amiga; e a mulher, por sua vez, não se esquecerá de que seu esposo é o seu amigo insubstituível, ao qual deve animar em seus trabalhos, encorajar em suas realizações.

* O texto se refere às ideias do autor e sua visão de mundo, na época do lançamento da 1ª edição deste livro. (N.E.)

Os cônjuges devem-se fidelidade recíproca. A fidelidade absoluta é um dever imperioso, não só para a mulher como também para o homem. A moralidade do lar repousa na fidelidade dos cônjuges, de um para com o outro.

É dever da mulher desenvolver dentro do lar o sentimento, o carinho e a ternura, no que o homem tem o dever de cooperar

Entre os cônjuges deve haver muita compreensão. A boa compreensão entre marido e mulher é um dos mais fortes esteios da felicidade do lar.

Perguntas

1 – Qual o primeiro dever dos cônjuges?
2 – A quem deve caber a direção do lar?
3 – Como devem ser tomadas as decisões?
4 – Qual a opinião que deve prevalecer?
5 – A quem cabe o arranjo do lar?
6 – Quem providencia recursos para o lar?
7 – O que não deve reinar nem predominar num lar?
8 – O que deve presidir à economia doméstica?
9 – O que deve ligar os cônjuges?
10 – Pelo que deve ser substituído o amor do noivado?
11 – O que é o amor conjugal?
12 – Do que se alimenta o amor conjugal?
13 – Qual é a mais sincera amiga do marido?
14 – Qual o amigo insubstituível da esposa?
15 – Quem deve encorajar o marido?
16 – O que se devem reciprocamente os cônjuges?
17 – O que é a fidelidade?
18 – Em que repousa a moralidade do lar?
19 – O que a mulher deve desenvolver dentro do lar?
20 – O que deve haver entre os cônjuges?
21 – Qual é um dos mais fortes esteios da felicidade de um lar?

77ª Lição

O Pai e a Mãe

Quando chegam os filhos, os cônjuges tornam-se pai e mãe; e novos deveres os aguardam.

Os pais têm o dever de manter os filhos, até que estes possam manter-se por si próprios.

É dever dos pais educar os filhos, preparando-os para a vida.

A educação que os pais devem dar aos filhos divide-se em três partes: a educação moral, a educação intelectual e a educação material.

A educação moral consiste em ensiná-los a serem homens de bem, virtuosos e cumpridores de seus deveres para com Deus, para com a pátria e para com a família. Essa educação os filhos a recebem em casa, junto dos pais. É dever da mãe educar o sentimento dos filhos; e o dever do pai é formar-lhes um bom caráter. A educação moral tem por finalidade eliminar as más tendências e cultivar as boas.

A educação intelectual consiste em os pais facilitarem tudo para que os filhos recebam a instrução. A instrução recebe-se na escola; é obra do professor. É dever dos pais colaborar com os professores de seus filhos, tudo fazendo para que seus filhos sejam alunos aplicados.

A educação material consiste em os pais darem aos filhos uma profissão ou um ofício, com o qual ganhem honestamente o pão de cada dia. O trabalho é um dever social, e é dever dos pais desenvolver em seus filhos o amor ao trabalho.

Perguntas

1 – Quais são os deveres dos pais?
2 – Como se divide a educação que os pais devem dar aos filhos?
3 – Em que consiste a educação moral?
4 – Onde se recebe a educação moral?
5 – Em que consiste a educação intelectual?
6 – Onde se recebe a educação intelectual?
7 – Em que consiste a educação material?
8 – Qual dever é o trabalho?

78ª Lição

Deveres dos Filhos

Como filhos que somos, temos sagrados deveres a cumprir para com nossos pais.

É nosso dever sermos filhos obedientes. A obediência é o respeito interior e exterior que devemos manter para com nossos pais em todas as situações da vida. É um ato de reconhecimento e de gratidão de nós, filhos, para com nossos pais.

É nosso dever socorrer nossos pais na doença, proporcionando-lhes os recursos que estiverem ao nosso alcance.

É nosso dever assistir a nossos pais no sofrimento e na adversidade, estando ao lado deles, confortando-os com o nosso amor, por mais difíceis que sejam as circunstâncias.

É nosso dever amparar nossos pais na velhice, fazendo por eles aquilo que eles fizeram por nós, quando nos faltavam as forças.

É nosso dever honrar o nome que recebemos de nossos pais, não o manchando nunca, nem mesmo por uma simples ação má; mas devemos engrandecê-lo sempre pela retidão de nossa vida.

Enquanto estivermos morando com nossos pais, é nosso dever ajudá-los na manutenção do lar. E quando fundarmos nosso próprio lar, nosso auxílio não lhes deve faltar nas ocasiões necessárias.

Perguntas

1 – O que é a obediência?
2 – Na doença, como devemos proceder para com nossos pais?
3 – No sofrimento e na adversidade, qual deve ser o nosso procedimento para com nossos pais?
4 – Na velhice, qual deve ser o nosso procedimento para com nossos pais?
5 – Como devemos manter o nome que nossos pais nos deram?
6 – Como devemos proceder enquanto estivermos morando com nossos pais?
7 – Como devemos proceder para com nossos pais depois de termos fundado o nosso próprio lar?

79ª Lição

Deveres Fraternos

Depois dos deveres que precisamos cumprir para com nossos pais, temos de cumprir também os deveres fraternos.

Os deveres fraternos nós precisamos cumpri-los para com nossos irmãos e para com nossos parentes.

O primeiro dos deveres fraternos é o auxílio mútuo que se devem os irmãos.

Os irmãos mais velhos têm o dever de cuidar dos irmãos mais novos e, sempre que necessário, substituir os pais nessa tarefa.

A mais sincera amizade deve existir entre os irmãos, que devem perdoar-se mutuamente as faltas.

Em seguida, temos os nossos parentes; já que a eles estamos ligados pelo sangue, que nos ligue a eles também o nosso coração.

É dever dos parentes estimarem-se e socorrerem-se uns aos outros; confortarem-se no sofrimento; ampararem-se na adversidade e tudo fazer para o engrandecimento e o bom nome da família.

Perguntas

1 – Quais são os deveres que vêm depois dos deveres para com os pais?
2 – Para com quem cumpriremos nossos deveres fraternos?
3 – Qual o primeiro dever fraterno?
4 – Quais os deveres dos irmãos mais velhos?
5 – O que deve existir entre os irmãos?
6 – Quais pessoas vêm depois dos irmãos?
7 – Quais os deveres dos parentes?

80ª Lição

A Harmonia Familiar

É nosso dever manter a harmonia familiar para que reine a felicidade no lar.

Um lar sem harmonia não é um lar feliz; dele desaparecem o respeito entre os cônjuges e o amor dos filhos para com os pais.

A harmonia familiar é conseguida pela boa vontade, pela compreensão e pela tolerância.

Os cônjuges devem cultivar a boa vontade entre si. Os encargos do lar são pesados, mas serão suportados facilmente quando há boa vontade entre o marido e a mulher.

A compreensão é outra grande virtude que os cônjuges devem cultivar. O esposo deve esforçar-se por compreender a esposa; e esta, o esposo.

Cumprindo o dever de compreensão mútua, os cônjuges procurarão sempre analisar juntos os problemas que se apresentarem na família e de comum acordo os resolverão.

A tolerância é outro dever dos cônjuges. Depois do casamento, na vida que passam a viver em comum, é que aparecem os defeitos e as boas qualidades de cada um dos cônjuges. Embora um deva tolerar os defeitos do outro, essa tolerância não deve ser uma tolerância passiva; porém o marido, amorosa e pacientemente, corrigirá os defeitos da esposa; e esta, os do esposo.

A compreensão mútua muito auxiliará os esposos a corrigir seus defeitos e a realçar suas boas qualidades.

Os esposos devem lembrar-se de que são companheiros necessários um ao outro, e por isso não devem tornar-se tiranos dentro do lar. Os deveres a cumprir são iguais e os dois precisam empregar o máximo de seus esforços para bem cumpri-los.

Do bom cumprimento dos deveres dos cônjuges nasce a harmonia do lar, a qual é uma das bases em que repousa a felicidade da família.

Perguntas

1 – Quando não há harmonia num lar, o que desaparece dele?
2 – Como se consegue a harmonia no lar?
3 – Em que consiste a boa vontade entre os cônjuges?
4 – O que é a compreensão entre os cônjuges?
5 – Como os esposos cumprirão o dever de compreensão mútua?
6 – Como se compreende a tolerância entre os cônjuges?
7 – Como os cônjuges devem corrigir os defeitos um do outro?
8 – Por que nenhum dos cônjuges deve tornar-se tirano dentro do lar?

81ª Lição

A Escola

A escola é um prolongamento do lar; é o primeiro contato que a criança tem com o mundo; nela acaba de formar-se o cidadão.

É dever dos pais despertar desde cedo em seus filhos o amor pela escola, o gosto pelo estudo, o respeito ao professor.

No lar, os filhos recebem a educação; na escola, a instrução. Mas não é só a instrução que os filhos recebem na escola; o professor também corrige as falhas da educação que lhes deram os pais. Daí decorre um outro grande dever dos pais: o dever de colaborar com o professor de seus filhos no aperfeiçoamento do caráter deles.

É dever dos pais interessar-se pela vida escolar de seus filhos, procurando saber sempre como se comportam na escola, se são aplicados e quais os defeitos notados pelo professor. Assim, poderão corrigir no lar o que foi começado na escola.

Os pais compreenderão que o professor não é um criado de seus filhos, mas um educador e um guia; por isso, devem procurá-lo frequentemente para que a obra da educação seja perfeita.

Perguntas

1 – O que é a escola?
2 – Quais os deveres dos pais em relação à escola?
3 – O que os filhos recebem na escola?
4 – Por que os pais devem interessar-se pela vida escolar de seus filhos?
5 – Qual o papel do professor em auxiliar os pais na educação dos filhos?
6 – O que é o professor?

82ª Lição

A Religião

É dever dos pais cultivar uma religião dentro do lar.

A religião moraliza a família, ensinando-a a ser fiel a Deus, à pátria e a si mesma.

A religião é amparo seguro no sofrimento e fonte de humildade na prosperidade.

É dever dos pais tratar cuidadosamente da educação religiosa de seus filhos. O primeiro passo a ser dado nesse sentido é a harmonia religiosa entre marido e mulher. Num lar deve existir uma única religião, e esta deve ser escolhida entre as mais compassivas.

Cuidando da educação religiosa de seus filhos, os pais terão o cuidado de repelir de seu lar as religiões dogmáticas. O dogma conduz à ignorância, ao fanatismo, à superstição e à hipocrisia.

Os pais deverão analisar as religiões antes de introduzi-las em seu lar e aceitar aquela que obedecer aos seguintes pontos:

1º – Respeito absoluto a Deus, criador do Universo.

2º – A lei da evolução; tudo marcha para um fim superior, tudo se transforma e se aperfeiçoa.

3º – A imortalidade da alma; a lei da reencarnação, por intermédio da qual a alma progride incessantemente, aproximando-se cada vez mais de Deus.

4º – O livre-arbítrio, que torna cada indivíduo plenamente responsável por seus mínimos atos, cujas consequências terá de suportar.

5º – A fraternidade que deve unir todos os habitantes da Terra.

6º – Que não há infernos de padecimentos eternos, nem paraísos impossíveis de serem atingidos.

7º – O bem como lei suprema do Universo.

8º – O cumprimento do DEVER como fonte suprema de felicidade.

Perguntas

1 – Por que deve haver uma religião dentro do lar?
2 – O que é a religião?
3 – Por que deve haver harmonia de concepções religiosas entre marido e mulher?
4 – Por que os pais devem repelir as religiões dogmáticas?
5 – Quais os pontos essenciais de uma religião progressista e que liberta a alma?